定期借家のかしこい貸し方・借り方

◇ そのしくみの解説と注意点 ◇

阿部泰隆著

定期賃貸住宅標準契約書付

はしがき

本書は、いわゆる定期借家（法律上は、定期建物賃貸借という）について、二つの目的を有している。一つは、第一部「定期借家のかしこい貸し方・借り方」として、成立した現行法の使い方をわかりやすく説明したものであり、もう一つは、第二部「定期借家法の提唱」で、この法律制定過程における私の主張を整理したものである。

第一部では、賃貸人（家主、大家）、賃借人（借家人、店子）、斡旋業者（仲介業者）にとってわかりやすい実務的な解説を目的としている。定期借家法の成立の意義を論じ（第一章）、しくみの解釈論的解説（第二章）をした上で、家主、借家人それぞれの立場に立って、定期借家はどんなときに貸す（借りる）べきものか、しくみがややこしくできているので、うっかりミスして大失敗を生じないように、契約をするとき、期限が来たときなどに注意すべきことは何か、「特約」として何を入れ、どのように交渉したらよいかを重点的に説明した（第三章、第四章)。第三章、第四章を読まれるときは、そこで言及されている第二章の該当個所を参照されたい。斡旋業者の業務は活性化するとともに注意すべき事項も増えると予想されるが、それはこの記述から理解していただければ結構である。

本来は、このような解釈上の論点が生じないような明快な法文を作るべきであった(阿部の主張する「法の明確性の要請」、本書第二部第二章二5(2))が、定期借家の立法過程では、借家人はだまされるとか、追い出されるとかいう理由のない反対に応接するのに忙しく、法案を法律技術的な視点から錬磨して、修正する機会がなかったのが残念である。

弁護士は、これまではまっとうな契約内容の作り方よりは、「正当事由」という神様しかわからない規定の解釈論的紛争で利益を得ていた。定期借家でも、このように、解釈論の余地は残るが、しかし、基本的に契約が自由なので、これからは、適切な特約を工夫することに知恵を絞る知価の時代(堺屋太一)になったと言える。

本書は、こうした問題点や工夫の余地について、簡明に書いたものであるから、一般の家主・借家人の方も、家を貸し、借りる前に是非とも活用されて、怪我をしないように、定期借家をかしこく貸し、かしこく借りていただきたい。

ただし、本書はこれまでの建物賃貸借契約を前提に、定期借家としての修正部分、注意すべき部分を解説したものであるから、あわせてこれまでの解説書を参照してください。また、標準契約書、説明書などの書式については、建設省で作成したものがある（本書に添付）ので、それを利用し、特約条項を作るさいには本書を参照してほしい。事業用などで長期間貸そう・借りようとする場合の特約はより本格的に検討していただきたい。

第二部「定期借家法の提唱」は、この法律提唱時における私の主張を集めたものである。研究の結果、「定期借家権構想に問題点なし」という認識に達したので、「みんなが得する定期借家」、「痛みのない規制緩和」と称して、これを推進してきた。

法律が制定された今日では、立法論は、建物貸し借りの現場の実務には直接は関係がないが、それでも、施行直後のこの法律の趣旨としくみを理解するのに適切と考えられること、今後の見直しのさいにも参考になると考えるので、第二部においては、この立法論の中から一部を再録した。一見難しく見えるが、学生との対談（第三章）、口頭報告（第四章）などの形式で、わかりやすく書いたつもりである。家主、借家人の方におかれても、この法律に疑問を感じられたら、お読みいただければ幸いである。

文中、法律を参照する必要が生じたときは、巻末に添付してある新旧対照表その他の関連条文をご覧ください。

本書のタイトルは便宜上第一部のものを借用した。また、第二部はそれぞれの機会に書いたものであるため、執筆スタイルがまちまちであり、重複も少なくない。内容的にも原則として執筆時点のままとした（ただ、できた法律との重大な違いには言及している）。

なお、本書中意見にわたる部分は、もちろん阿部個人の意見であって、裁判所でこれが採用されることまで保障するものではない。しかし、読者としては、この阿部説を十分に活用して、定期借家を有利に運用していただきたいと思う。

法律家の多くが消極的な定期借家に、ここまで積極的な推進論者になったのは、一流経済学者グループ（八田達夫、岩田規久男、福井秀夫、久米良昭、福島隆司、山崎福寿、島田明夫などの諸氏が）が筆者の愚問にも我慢して付き合ってくれたことと、これらの方の一部と、アメリカ、イギリスの調査に連れていってもらって、定期借家の方が従来型よりもはるかにうまくいっていると確信が持てるようになったことによる。本書の内容は、これらの方の知恵を借りた面も多い。厚くお礼申し上げる。ただし、それでも、特に経済学的な面は不十分である。これについては、信山社発行の『定期借家権』をご参照賜りたい。

ここで、本書で述べる用語の説明をしておくと、定期借家権は、契約で定めた期間の満了により確定的に終了し、契約更新がない（ただし、再契約はある）「定期建物賃貸借」である。これに対し、これまでの借家契約は、賃貸人に正当事由がなければ、更新を拒否できないもので、借家人には更新請求権がある。これを従来型の正当事由付き借家契約ということができる。本書では、これを簡単に従来型なり普通借家あるいは正当事由借家という。

甲は賃貸人、乙は賃借人を指す。

最後になったが、掲載論文の初出の出版社の方には、当初の論文掲載とその再録許諾につき、信山社の袖山貴さんには、先の『定期借家権』、『実務注釈定期借家法』に続いて、緊急の作業にもかかわらず立派な本に作り上げていただいたことにつき、心から感謝申し上げる。

二〇〇〇年正月

神戸須磨の寓居にて

阿部泰隆

〈初出一覧〉

第一部　「定期借家のかしこい貸し方・借り方」書き下ろし
第二部　「定期借家法の提唱」
第一章　「借家法改革は民事法の発想では無理」論争東洋経済一九九七年三月一日号九月号。
第二章　「定期借家権の法制度設計」判例タイムズ九五九号（一九九八年）。
第三章　「弱者に優しい定期借家権」法セミ一九九八年五月号。
第四章　「新たなオプションとしての定期借家権の擁護」日本土地法学会・土地問題双書三三号『震災と都市計画・定期借家権』（有斐閣、一九九八年）。
第五章　「定期借家と税制（上・下）」税務経理七九三二号（一九九八年一月一三日号）、七九三三号（一月一六日号）（本書ではこの一部だけ転載した）。

［定期借家権関係阿部泰隆著作］（本書収録分以外）

『定期借家権』（野村好弘、福井秀夫氏と共編、信山社、一九九八年）。

『実務注釈定期借家法』（福井秀夫、久米良昭氏と共編、信山社、二〇〇〇年）。

「定期借家権の意義―みんなが得する定期借家」『定期借家権』所収。

「間違いだらけの定期借家批判論」『定期借家権』所収。

「解釈論と立法論」判例時報一六二二号（一六〇〇号索引号）（一九九八年）。

「高齢化社会にプラス　定期借家権導入に期待」近畿政策研究会ＫＰＩ通信第三号（一九九八年

六月二〇日号)。

「定期借家権 Q and A」Intellectual Cabinet 五号（一九九九年）。

「経済教室　定期借家権を考える」日本経済新聞一九九七年七月二八日。阿部泰隆著『こんな法律は要らない』（東洋経済新報社、近刊）所収。

「パネルディスカッション：定期借家権を考える」都市住宅学一九号（一九九七年）（司会）。

「座談会：定期借家権論をめぐって」ジュリスト一一二四号（一九九七年一二月一日号）。

「座談会：定期借家権構想の法的論点」判例タイムズ九五九号（一九九八年三月一日号）。

「座談会：定期借家による快適居住のまちづくり」（司会）自治研究七四巻二号（一九九八年二月号）。


このほか、阿部泰隆の著作は、巻末の著書のほか、ホームページ http://www2.kobe-u.ac.jp/~yasutaka/ をご覧ください。

目　次

目次

［資料］

第１　定期賃貸住宅標準契約書（建設省版）

（1）賃貸借の目的物

<table>
<tr><td rowspan="5">建物の名称・所在地等</td><td>名　称</td><td colspan="5"></td></tr>
<tr><td>所在地</td><td colspan="5"></td></tr>
<tr><td rowspan="3">建て方</td><td rowspan="3">共同建
長屋建
一戸建
その他</td><td rowspan="2">構造</td><td>木造
非木造</td><td colspan="2">工事完了年</td></tr>
<tr><td>階建</td><td colspan="2" rowspan="2">年
［大修繕等を
（　　）年
実　施］</td></tr>
<tr><td>戸数</td><td>戸</td></tr>
<tr><td rowspan="4">住戸部分</td><td>住戸番号</td><td>号室</td><td>間取り</td><td colspan="3">（　　）LDK・DK・K ／ﾜﾝﾙｰﾑ／</td></tr>
<tr><td>面　　積</td><td colspan="5">㎡</td></tr>
<tr><td rowspan="2">設備等</td><td>トイレ
浴室
シャワー
給湯設備
ガスコンロ
冷暖房設備</td><td colspan="4">専用（水洗・非水洗）・共用（水洗・非水洗）
有・無
有・無
有・無
有・無
有・無
有・無
有・無
有・無
有・無</td></tr>
<tr><td>使用可能電気容量
ガス
上水道
下水道</td><td colspan="4">（　　　　　）アンペア
有（都市ガス・プロパンガス）・無
水道本管より直結・受水槽・井戸水
有（公共下水道・浄化槽）・無</td></tr>
<tr><td colspan="2">附属施設</td><td>駐車場
自転車置場
物置
専用庭</td><td colspan="4">含む・含まない
含む・含まない
含む・含まない
含む・含まない
含む・含まない
含む・含まない</td></tr>
</table>

(2)　契約期間

始期	年　　月　　日から	＿＿年＿＿月間
終期	年　　月　　日まで	

（契約終了の通知をすべき期間＿＿年　月　日から　＿年　月　日まで）

(3)　賃料等

賃料・共益費		支払期限	支払方法	
賃　料	＿＿円	当月分・翌月分を毎月＿＿日まで	振込又は持参	振込先金融機関名： 預金：普通・当座 口座番号： 口座名義人：＿＿＿＿ 持参先：
共益費	＿＿円	当月分・翌月分を毎月＿＿日まで		
敷　金	賃料＿＿か月相当分　＿＿＿＿円			
附属施設使用料				
そ　の　他				

(4)　貸主及び管理人

貸　主 （社名・代表者）	住所　〒 氏名　＿＿＿＿　電話番号＿＿＿＿
管理人 （社名・代表者）	住所　〒 氏名　＿＿＿＿　電話番号＿＿＿＿

※貸主と建物の所有者が異なる場合は、次の欄も記載すること。

建物の所有者	住所　〒 氏名　＿＿＿＿　電話番号＿＿＿＿

(5)　借主及び同居人

	借　主	同　居　人
氏　　名		合計　　人
緊急時の連絡先	住所　〒 氏名　＿＿＿　電話番号＿＿＿　借主との関係＿＿＿	

定期建物賃貸借契約条項

（契約の締結）
第１条　貸主（以下「甲」という。）及び借主（以下「乙」という。）は、頭書(1)に記載する賃貸借の目的物（以下「本物件」という。）について、以下の条項により借地借家法（以下「法」という。）第３８条に規定する定期建物賃貸借契約（以下「本契約」という。）を締結した。

（契約期間）
第２条　契約期間は、頭書(2)に記載するとおりとする。

２　本契約は、前項に規定する期間の満了により終了し、更新がない。ただし、甲及び乙は、協議の上、本契約の期間の満了の日の翌日を始期とする新たな賃貸借契約（以下「再契約」という。）をすることができる。

３　甲は、第１項に規定する期間の満了の１年前から６月前までの間（以下「通知期間」という。）に乙に対し、期間の満了により賃貸借が終了する旨を書面によって通知するものとする。

４　甲は、前項に規定する通知をしなければ、賃貸借の終了を乙に主張することができず、乙は、第１項に規定する期間の満了後においても、本物件を引き続き賃借することができる。ただし、甲が通知期間の経過後乙に対し期間の満了により賃貸借が終了する旨の通知をした場合においては、その通知の日から６月を経過した日に賃貸借は終了する。

（使用目的）
第３条　乙は、居住のみを目的として本物件を使用しなければならない。

（賃　料）
第４条　乙は、頭書(3)の記載に従い、賃料を甲に支払わなければならない。

２　１か月に満たない期間の賃料は、１か月を３０日として日割計算した額とする。

３　甲及び乙は、次の各号の一に該当する場合には、協議の上、賃料を改定することができる。

一　土地又は建物に対する租税その他の負担の増減により賃料が不相当となった場合
二　土地又は建物の価格の上昇又は低下その他の経済事情の変動により賃料が不相当となった場合
三　近傍同種の建物の賃料に比較して賃料が不相当となった場合

（共益費）
第５条　乙は、階段、廊下等の共用部分の維持管理に必要な光熱費、上下水道使用料、清掃費等（以下この条において「維持管理費」という。）に充てるため、共益費を甲に支払うものとする。

２　前項の共益費は、頭書(3)の記載に従い、支払わなければならない。

３　１か月に満たない期間の共益費は、１か月を３０日として日割計算した額とする。

４　甲及び乙は、維持管理費の増減により共益費が不相当となったときは、協議の上、共益費を改定することができる。

（敷　金）
第６条　乙は、本契約から生じる債務の担保として、頭書(3)に記載する敷金を甲に預け入れ るものとする。

２　乙は、本物件を明け渡すまでの間、敷金をもって賃料、共益費その他の債務と相殺をすることができない。

３　甲は、本物件の明渡しがあったときは、遅滞なく、敷金の全額を無利息で乙に返還しなければならない。ただし、甲は、本物件の明渡し時に、賃料の滞納、原状回復に要する費用の未払いその他の本契約から生じる乙の債務の不履行が存在する場合には、当該債務の額を敷金から差し引くことができる。

４　前項ただし書の場合には、甲は、敷金から差し引く債務の額の内訳を乙に明示しなければならない。

（禁止又は制限される行為）
第７条　乙は、甲の書面による承諾を得ることなく、本物件の全部又は一部につき、賃借権を譲渡し、又は転貸してはならない。

２　乙は、甲の書面による承諾を得ることなく、本物件の増築、改築、移転、改造若しくは模様替又は本物件の敷地内における工作物の設置を行ってはならない。

３　乙は、本物件の使用に当たり、別表第１に掲げる行為を行ってはならない。

４　乙は、本物件の使用に当たり、甲の書面による承諾を得ることなく、別表第２に掲げる行為を行ってはならない。

5　乙は、本物件の使用に当たり、別表第３に掲げる行為を行う場合には、甲に通知しなければならない。

（修繕）

第８条　甲は、別表第４に掲げる修繕を除き、乙が本物件を使用するために必要な修繕を行わなければならない。この場合において、乙の故意又は過失により必要となった修繕に要する費用は、乙が負担しなければならない。

2　前項の規定に基づき甲が修繕を行う場合は、甲は、あらかじめ、その旨を乙に通知しなければならない。この場合において、乙は、正当な理由がある場合を除き、当該修繕の実施を拒否することができない。

3　乙は、甲の承諾を得ることなく、別表第４に掲げる修繕を自らの負担において行うことができる。

（契約の解除）

第９条　甲は、乙が次に掲げる義務に違反した場合において、甲が相当の期間を定めて当該義務の履行を催告したにもかかわらず、その期間内に当該義務が履行されないときは、本契約を解除することができる。

一　第４条第１項に規定する賃料支払義務

二　第５条第２項に規定する共益費支払義務

三　前条第１項後段に規定する費用負担義務

2　甲は、乙が次に掲げる義務に違反した場合において、当該義務違反により本契約を継続することが困難であると認められるに至ったときは、本契約を解除することができる。

一　第３条に規定する本物件の使用目的遵守義務

二　第７条各項に規定する義務

三　その他本契約書に規定する乙の義務

（乙からの解約）

第10条　乙は、甲に対して少なくとも１月前に解約の申入れを行うことにより、本契約を解約することができる。

2　前項の規定にかかわらず、乙は、解約申入れの日から１月分の賃料（本契約の解約後の賃料相当額を含む。）を甲に支払うことにより、解約申入れの日から起算して１月を経過する日までの間、随時に本契約を解約することができる。

（明渡し）

第11条　乙は、本契約が終了する日（甲が第２条第３項に規定する通知をしなかった場合においては、同条第４項ただし書きに規定する通知をした日から６月を経過した日）までに（第９条の規定に基づき本契約が解除された場合にあっては、直ちに）、本物件を明け渡さなければならない。この場合において、乙は、通常の使用に伴い生じた本物件の損耗を除き、本物件を原状回復しなければならない。

2　乙は、前項前段の明渡しをするときには、明渡し日を事前に甲に通知しなければならない。

3　甲及び乙は、第１項後段の規定に基づき乙が行う原状回復の内容及び方法について協議するものとする。

（立入り）

第12条　甲は、本物件の防火、本物件の構造の保全その他の本物件の管理上特に必要があるときは、あらかじめ乙の承諾を得て、本物件内に立ち入ることができる。

2　乙は、正当な理由がある場合を除き、前項の規定に基づく甲の立入りを拒否することはできない。

3　本契約終了後において本物件を賃借しようとする者又は本物件を譲り受けようとする者が下見をするときは、甲及び下見をする者は、あらかじめ乙の承諾を得て、本物件内に立ち入ることができる。

4　甲は、火災による延焼を防止する必要がある場合その他の緊急の必要がある場合においては、あらかじめ乙の承諾を得ることなく、本物件内に立ち入ることができる。この場合において、甲は乙の不在時に立ち入ったときは、立入り後その旨を乙に通知しなければならない。

（連帯保証人）

第13条　連帯保証人は、乙と連帯して、本契約から生じる乙の債務（甲が第２条第３項に規定する通知をしなかった場合においては、同条第１項に規定する期間内のものに限る。）を負担するものとする。

（再契約）

第14条　甲は、再契約の意向があるときは、第２条第３項に規定する通知の書面に、その旨を付記するものとする。

2　再契約をした場合は、第１１条の規定は適用しない。ただし、本契約における原状回復の債務の履行については、再契約に係る賃貸借が終了する日までに行うこととし、敷金の返還については、明渡しがあったものとして第６条第３項に規定するところによる。

（協議）

第15条　甲及び乙は、本契約書に定めがない事項及び本契約書の条項の解釈について疑義が生じた場合は、民法その他の法令及び慣行に従い、誠意をもって協議し、解決するものとする。

（特約条項）

第16条　本契約の特約については、下記のとおりとする。

別表第1（第７条第３項関係）

一　銃砲、刀剣類又は爆発性、発火性を有する危険な物品等を製造又は保管すること。
二　大型の金庫その他の重量の大きな物品等を搬入し、又は備え付けること。
三　排水管を腐食させるおそれのある液体を流すこと。
四　大音量でテレビ、ステレオ等の操作、ピアノ等の演奏を行うこと。
五　猛獣、毒蛇等の明らかに近隣に迷惑をかける動物を飼育すること。

別表第2（第７条第４項関係）

一　階段、廊下等の共用部分に物品を置くこと。
二　階段、廊下等の共用部分に看板、ポスター等の広告物を掲示すること。
三　鑑賞用の小鳥、魚等であって明らかに近隣に迷惑をかけるおそれのない動物以外の犬、猫等の動物（別表第１第五号に掲げる動物を除く。）を飼育すること。

別表第3（第７条第５項関係）

一　頭書(5)に記載する同居人に新たな同居人を追加（出生を除く。）すること。
二　１か月以上継続して本物件を留守にすること。

別表第4（第８条関係）

畳表の取替え、裏返し	ヒューズの取替え
障子紙の張替え	給水栓の取替え
ふすま紙の張替え	排水栓の取替え
電球、蛍光灯の取替え	その他費用が軽微な修繕

下記貸主（甲）と借主（乙）は、本物件について上記のとおり賃貸借契約を締結したことを証するため、本契約書２通を作成し、記名押印の上、各自その１通を保有する。

年　　月　　日

貸　主（甲）住所 ＿＿＿＿＿＿＿＿＿＿＿＿＿＿＿＿＿＿＿＿

氏名 ＿＿＿＿＿＿＿＿＿＿＿＿＿＿＿＿＿＿＿ 印

借　主（乙）住所 ＿＿＿＿＿＿＿＿＿＿＿＿＿＿＿＿＿＿＿＿

氏名 ＿＿＿＿＿＿＿＿＿＿＿＿＿＿＿＿＿＿＿ 印

連帯保証人　住所 ＿＿＿＿＿＿＿＿＿＿＿＿＿＿＿＿＿＿＿＿

氏名 ＿＿＿＿＿＿＿＿＿＿＿＿＿＿＿＿＿＿＿ 印

媒介　　免許証番号〔　　　　〕知事・建設大臣　（　　）第　　　号

業者

代理　　事務所所在地 ＿＿＿＿＿＿＿＿＿＿＿＿＿＿＿＿＿＿＿

商　号（名称）＿＿＿＿＿＿＿＿＿＿＿＿＿＿＿＿＿＿＿

代表者氏名 ＿＿＿＿＿＿＿＿＿＿＿＿＿＿＿＿ 印

宅地建物取引主任者　　登録番号〔　　　　〕知事第　　　　　号

氏　名 ＿＿＿＿＿＿＿＿＿＿＿＿＿＿＿＿ 印

第２　定期賃貸住宅契約についての説明

（借地借家法第38条第２項関係）

○年　○月　○日

定期賃貸住宅契約についての説明

貸　主（甲）住所

氏名　○　○　○　○　印

代理人　住所

氏名　○　○　○　○　印

下記住宅について定期建物賃貸借契約を締結するに当たり、借地借家法第３８条第２項に基づき、次のとおり説明します。

下記住宅の賃貸借契約は、更新がなく、期間の満了により賃貸借は終了しますので、期間の満了の日の翌日を始期とする新たな賃貸借契約（再契約）を締結する場合を除き、期間の満了の日までに、下記住宅を明け渡さなければなりません。

記

(1) 住　宅	名　　称		
	所 在 地		
	住戸番号		
(2) 契約期間	始期	年　　月　　日から	年　　月間
	終期	年　　月　　日まで	

上記住宅につきまして、借地借家法第３８条第２項に基づく説明を受けました。

○年　○月　○日

借　主（乙）住所

氏名　○　○　○　印

第3　定期賃貸住宅契約終了についての通知

（借地借家法第38条第4項、定期賃貸住宅標準契約書第2条第3項関係）

○ 年 ○ 月 ○ 日

定期賃貸住宅契約終了についての通知

（賃借人）住所
　　氏名 ○ ○ ○ ○ 殿

（賃貸人）住所
　　氏名 ○ ○ ○ ○ 印

私が賃貸している下記住宅については、平成　年　月　日に期間の満了により賃貸借が終了します。

［なお、本物件については、期間の満了の日の翌日を始期とする新たな賃貸借契約（再契約）を締結する意向があることを申し添えます。］

記

(1)　住　　宅
　名　　称　＿＿＿＿＿＿＿＿＿＿＿＿
　所 在 地　＿＿＿＿＿＿＿＿＿＿＿＿
　住戸番号　＿＿＿＿＿＿＿＿＿＿＿＿

(2)　契約期間
　始期 年　月　日から
　終期 年　月　日まで　　　年　　月間

（注）1　再契約の意向がある場合には、［　］書きを記載してください。
　　　2　(1)及び(2)の欄は、それぞれ頭書(1)及び(2)を参考にして記載してください。

第一部　定期借家のかしこい貸し方・借り方

――そのしくみの解説と家主、借家人、斡旋業者の注意事項――

第一章　定期借家法成立の意義

――二〇〇〇年三月一日に施行されるいわゆる保岡興治法――

いわゆる定期借家法、正式には、「良好な賃貸住宅等の供給の促進に関する特別措置法」が議員立法により、自民党、自由党、公明党、民主党の賛成を得て、一九九九年一二月九日に成立した。この法律は、二〇〇〇年（平成一二年）三月一日に施行される。この法律の成立は、保岡興治衆議院議員の格別の尽力に負うところが大きい。アメリカでは、議員立法には議員の名前を付けるという慣行がある。私はこれに習って、本法を保岡興治法と名付けたい。

さて、本法が三月一日に施行される（附則第一条）のは、二〇〇〇年春の転勤、入学シーズンに間に合うようにするためである。貸す方も借りる方も大急ぎで勉強しなければならない。

これまでは、借家契約は期限が来ても原則として自動更新であった（借地借家法二六、二八条、三〇条）。借家人からすれば、半永久的に借り続けることができるので安心である。一部の民法学者は、借りたら返さなくてもよいという従来型の借家制度が弱者保護の社会法として妥当だと頑張ってきた。

しかし、これでは、家主からすれば、貸せばもう帰ってこないと覚悟がいる。例外的に取り返せても、トラブルを覚悟しなければならない。借家人が悪質だとして、あるいは自分で必要だとして、家やアパートを一つ取り返すにも、弁護士費用、執行費用、不動産鑑定費用まで含めれば、一〇〇万円くらいの費用と数年の時間がかかる。さらに、立退料を取られることもある。家賃を相場並みに値上げしたくても、裁判所は値上げ幅を半分くらいに値切る。その費用もかかるので、裁判による値上げは費用倒れである。実際上は思うように値上げできない。その結果、回転の良いワンルーム・マンションはたくさん造られるが、家族向きの大きな家を貸そうとする人が激減し、良好な住宅を借りたい借家人はかえって損してしまう。

また、従来の制度は、貸したものは期限が来たら返してもらうという民法・契約法の大原則からはいかにも離れすぎている。自由契約を基本とする民法の大原則に戻り、弱者の保護は借家の供給の促進と、だまされないようにという消費者保護のしくみで対応するのが正道である。

定期借家法が提案された基本的な理由は以上の点にある。

これは期限を約束したら、絶対守れという制度である。その結果、特に大きな借家の供給が増えるので、その家賃・権利金の相場も下がり、高齢者など、これまで借りにくかった者も借りやすくなり、大きい借家がないためやむをえず自宅を購入して高額なローンに苦しむことも避けられ、老朽借家の建替えも進んで、住環境の改善に寄与するなど、借家人層も賃貸人層も、ともに助かるというものである。

そして、期限が来たら、悪徳家主が弱者を追い出すのではないかという危惧があるが、実際上は空き家になることを望む家主はいないから、市場家賃を払い常識的に住んでいれば、家主がその家を自ら必要とする場合を除き、追い出されることはなく、再契約してくれるだろう。その上、既存契約の定期借家への切り替え禁止措置や説明義務、期間満了の通知義務など、借家人保護の歯止めが設けられている。

私は、定期借家権研究会の大勢の仲間とともに、これは、どこからみても問題がない、「百利あって、一害もない制度」と判断して、その立法化を推進してきた。情報を十分に公開せずに法案を作るこれまでの立法過程とは異なって、理由を徹底的に公開してきた。

反対派は少なくなかったが、私は、ジュリスト（一一二四号）の座談会で、岩田規久男とともに反対論をほぼすべて論破したつもりであり、また、この雑誌に掲載された澤野、長谷川、小谷、森田、内田、藤井などの論文への反論は、信山社から発行された阿部泰隆＝野村好弘＝福井秀夫編著『定期借家権』において十分になされており、判例タイムズ九五八号（一九九八年二月一五日号）、自治研究七四巻二号（一九九八年二月号）でも詳しく論じた。本書第二部第三章の法セミ論文と、同時に掲載された反対派の吉田克己論文とを比較すれば、推進派の方に分があることがわかっていただけると思う。

このほか推進論者の論文は多数あるが、私見については、はしがきの次に掲載した拙稿を参照してください。特に、右『定期借家権』、福井秀夫＝久米良昭＝阿部泰隆編著『実務注釈定期借家法』（信山社、二〇〇〇年）をご参照ください。また、第二部第三章の末尾にも多数の論文を引用した。これらによって、学術論文として公表される反対論は基本的に影を潜めた。

それにもかかわらず、一部の政党・法曹界・民法学者・法務省には抵抗が多かった。議員立法として国会に提案されてからも、いわゆる「吊し」という状態で、長く国会審議が行われなかった。

ここに、多数の方の真摯かつ労多き努力の甲斐あって、ようやく立法化に至ったことは感無量である。

この法律は、閣法（内閣提案の法律）中心のわが国で、定期借家に消極的な種々の勢力を押さえて、ほぼ超党派の議員立法で成立したという点だけではなく、これまでの頭の固い民法学に革命的な転換をもたらすという点で、日本の立法史上、画期的な快挙である。これからも、このような立法が続くことを期待する。

第二章　定期借家法の簡単解説

一　三点セット

定期借家法は、（原則として）一切制約なし、新規契約に限定、従来型と定期借家の選択の自由という、三点セットを基本としている。このほか、関連して、いくつかの規制が設けられている。まずこれを解説する。

最初に、従来型（正当事由借家）と定期借家の基本的な違いを比較表にしたので、これを参照しつつ、以下の解説をご覧頂きたい。

従来型と定期借家の比較

	従来型	定期借家
1　契約期間	一年未満は期間の定めなしとみなす	期間は自由
2　期限と更新	期限が到来しても、借家人が希望すれば原則更新	期限で借家権が消滅。更新なし、ただし、合意による再契約あり
3　契約書の要否	口頭契約も可	書面に限る（口頭契約は従来型になる）
4　説明義務	なし	あり
5　期間満了の通知	不要	期間満了の六ヶ月前までに通知
6　中途解約特約	借家人からだけできる	同上。ただし居住用借家に特例あり 本文参照
7　家賃改定	近傍同種の建物の家賃 （裁判所が判断）	家賃自動改定条項の特約 （契約自由）

二　一切制約なし

1　定期借家とは

定期借家権は、契約で定めた期間の満了により確定的に終了し、契約更新がない（ただし、再契約はある）「定期建物賃貸借」である。条文上は、「期間の定めがある建物の賃貸借をする場合においては、公正証書等書面によって契約するときに限り、第三〇条の規定にかかわらず、契約の更新がないこととする旨を定めることができる。」（三八条一項）というものである。

これは民間の建物賃貸借契約を念頭においている。公営住宅法で規律されている公営住宅以外にはすべて適用がある。公団、公社住宅、公庫融資、特定優良賃貸住宅などにも適用がある。

2　法定自動更新を排除、再契約は自由

従来型契約では、建物賃貸借契約の更新拒絶の通知または解約の申入れは、賃貸人に正当事由がなければできない（借地借家法二八条）。借家契約は期間満了にもかかわらず、賃貸人の

意思に反して原則として自動更新されるのである。

これに対して、この定期借家制度は「契約の更新がない」契約であるので、期間が満了したときに建物賃貸借契約の更新拒絶の通知または解約の申入れをするものではないから、借地借家法二八条の適用を受けない。契約の更新をしないことについて、正当事由などは全く不要であり、期間が満了すれば、機械的に契約が終了するのである。

条文上、同法二八条の適用を排除するという文言はないが、ことの性質上、そのように解釈されるのである。更新、再契約しない点について、民法の一般原則（信義則、権利濫用、公序良俗、民法一条二項、三項、九〇条）の適用はない。なお、更新してほしければ、従来型の契約を締結すればよいのである。

定期借家の制度は、もともと、法定自動更新規定によって契約関係に過剰介入している借地借家法を、民法の契約法の大原則である契約自由の原則に戻すべきだという制度である。それなら、この条文を作るときは、この法定自動更新を定める同法二八条の適用を排除すれば十分であったが、これまでの三八条（期限付き建物賃貸借）の規定にならって、それをこえて、「契約の更新がない」契約と規定してしまったので、任意の契約による契約更新も許されないと一応読める条文となってしまった。

しかし、このことから、任意の契約による更新が許されないと解するのは、不当である。その理由であるが、もともと、定期借家権の制度は、法定自動更新を定める二八条によって失われた家主の建物取戻しの権利を回復するため、その適用を排除する趣旨である。他方、実際上も、これまでの期限付き建物賃貸借とは異って、期限が来ても、両当事者の合意で再契約されることが多いと期待されている。このことは定期借家権が提唱された立法経過からしても明らかである。

したがって、両当事者の合意による契約更新を禁止する理由は最初からなかったのである。さらに、そもそも、任意の契約による更新を禁止するとすれば、それは両当事者の利益を損なうのみならず、契約の自由をおよそ合理的な理由なしで完全に剥奪するものであるから、明らかに違憲である。法律がそんなことを定めたと解釈できるはずはない。

そこで、私見では定期借家の更新契約は元来有効であるが、ただ、法律では、「契約の更新がない」と定めてしまい、定期建物賃貸借契約書においても、本契約は更新がないと定めるので、契約の更新を認めるのは文言上矛盾する。

そこで一工夫したのが、契約の更新と再契約の区別である。契約の更新は許されないとしても、再契約は許されるというものである。

実際の契約では、更新なのか、再契約なのか、わかりにくいものが出てくると予測されるが、この法律の趣旨が前記のように、契約終了の自由への復帰にある以上、更新なのか再契約なのか、当事者の言葉が不明確であっても、あるいは、うっかりと、更新の予約といった文言が用いられていても、それが当事者の合意である以上、許容されるという趣旨と解するのが正当である。

そして、この観点からすれば、後述のように（第四章三3）再契約の予約は当然に許容されるというべきである。

なお、この条文の作り方は多少混乱を招くもので、争いが起きる可能性がある。本来なら、法定自動更新を排除し、任意の更新は明らかに許容されることがわかる条文として練り上げるべきであった。たとえば、この条文は、「二八条の適用を排除する特約も有効とする」という趣旨に書けば済んだし、その方がなお明瞭であった。

もし、この点について解釈上の争いが生ずるようであれば、本法施行後四年の見直しのさいに、このように任意の更新が許されることがより明瞭にわかる条文に修文すべきである。

この新しい三八条一項の規定は、「第三〇条の規定にかかわらず」として、二六条から二九条の規定に反する特約で建物の賃借人に不利なものは無効とするとする第三〇条の適用を排除しているが、適用排除されているのはそれだけである。定期借家にも、従来型契約と同じく、三一条以下の規定は適用される。特に、三一条（建物賃貸借の対抗力）、三四条（建物賃貸借終了の場合における転借人の保護）、三五条（借地上の建物の賃借人の保護）の規定を強行規定とする三七条の規定は適用されるので、これらの条項を賃借人又は転借人に不利になるように定める特約は無効である。さきほど、一切の制約なしと書いたが、依然このような制約は残っているので、完全に契約自由の原則に戻ったわけではないことに注意すべきである。

3　期間の定めの必要

定期借家は、期間が確定していることが必要とされている。いつまでと日時を限定しておかなければならない。

立法論としては、期間が不確定な契約をも適法とするという政策もありうる。たとえば、死亡するまでといった不確定期限付き借家があれば、老人は安心できる。借家権の相続がなければ、家主の方も応ずることがあり、シニア住宅として供給されることも考えられる。ただし、実際上は、権利金は高くなると思われる。いつ戻れるかわからないが、転勤で戻るまで（数ヶ月の予告付きで）という条件付きの契約も考えられる。

しかし、今回の定期借家法はここまで定めていない。うっかり、不確定期限付の契約を締結すると、無効となって、従来型契約になることに注意しなければならない。

死亡するまでという契約なら、長期の定期借家か従来型の契約を締結すればよいし、転勤の場合には、短期の定期借家契約を繰り返せばよいから、不確定期限付借家の必要性はそれほど大きくないと考えられるからであろう。

4　制約条件設定を排斥

(1)　完全自由な合意

これは、当事者の合意に対して制約を設けない。原則として（若干の例外がある）、目的（業務用・居住用の区別）、広狭、家賃の高低、大都市か否か、最低存続期間等の制約を設けない。

そこで、第三章、第四章で述べるように特約を工夫することが知恵の見せ所である。制約条件を付けよという主張が各方面からなされた。たとえば、規模を七五㎡以上とか、期間を五年以上などと制限する妥協案がそれである。それは定期借家には問題がありそうなので、限定しようという発想である。

しかし、そんな制約を導入すれば、それ未満のものが供給されない。たとえば、自宅の建替えのため半年間借りようとか、五〇㎡の家を、売り時まで、外国出張の間貸そうという契約が禁止されるとすれば、それは定期借家として供給されないだけではなく、正当事由借家としても供給されなくなる。こうした借家市場の狭隘化は、貸し手、借り手、両方の利益を害する。このように、定期借家を限定するメリットはなく、限定しない場合も弊害がない。

(2) 一年未満の定期借家契約も有効

たとえば、契約期間が一年未満や二〇年を超える定期借家契約も許される。

一年未満の契約は、現行法では期間の定めのない契約になり、解約を申し入れた場合、賃貸借契約はそれから六ヶ月経過後に終了することとなるが、これについても、正当事由が必要である（現行借地借家法二九条、二七条、二八条）。したがって、一時使用目的の建物賃貸借（同四〇条）とされる場合以外では、短期間の借家契約でも、いったん貸せば、確実に返還してもらえる保障はない。

実際、筆者の知るところでも、長期間居座られるのは困るというので、もっぱら、自宅を建て替える者にだけ貸すという行動が見られる。

これでは、貸す方も、供給を抑制してしまう。家主としては、転勤の場合、外国出張の場合、自宅を転売するまでの期間貸したい場合など、一年未満の期間なら貸してもよい場合があるが、これが現行法では市場にあまり出てこないのである。

他方、借家人層としては、一年未満で、確実に返還しなければならない場合でも、借家を求める必要性が高い場合がある。たとえば、転勤期間が短期間延長された場合、自宅を建て替える場合、地域になれるまで、とりあえず借りてみて、それから本格的に別の借家を探すとか、持ち家を買うとか、社宅を希望するといった場合である。

もし、一年未満の契約はすべて、正当事由型契約とすれば、一年未満の期間の契約を両当事者が希望しても、その需要と供給に応えることができない。これを従来型で借りるとすれば、その家賃・権利金は、一年の定期借家のそれよりも高くなる。これは短期を希望する借家人の利益に反する。また、丁度一年の契約は定期借家にできることから、たとえば、一〇ヶ月の契約について、わざわざ一年の定期借家にするという、不合理を生ずることになる。

そこで、定期借家では一年未満の契約も許容されることになった（現行法二九条一項の適用がない。三八条一項後段）。

(3) 二〇年を超える契約も有効

民法六〇四条は、賃貸借の契約期間が二〇年を超えることを認めない（二〇年を超える契約は二〇年の契約として扱われる）。

従来型なら、借家人が長期間賃借したい場合でも、契約を更新すればよいから、これでも困らないであろう。しかし、定期借家の場合には、期限が来れば、借家権は確定的に消滅し、更新請求権が存在しないところから、より長期に借りたいという希望を満たせないことがある。特に、大きな店舗・事務所などのような営業用借家の場合、より長期の借家契約によって、安定的に事業を営みたいことが多く、条件次第では、家主もこれに応ずる場合がある。両当事者が、二〇年以上の契約を希望した場合に、これを禁止する特段の理由は見あたらない。そこで、本法は建物の賃貸借については、民法六〇四条の適用を除外し、二〇年を超える契約を認めた（二九条二項）。

そして、長期契約を妨げる理由がないことは、定期借家にかぎらず、従来型の正当事由借家でも同じであるから、この規定は建物の賃貸借一般に適用することとなった。

(4)　家賃改定ルールは合意で

定期借家なら、家賃の改定は通常は期間満了時（再契約時）に行われる。特に居住用の定期借家契約の期間は通常は数年と予想されるので、家賃改定について特段の規定をおく必要はない。しかし、営業用の借家契約は長期にわたることも予想されるので、途中で家賃の改定が必要になることがある。

現行借地借家法三二条では、「近傍同種の借賃」が基準であるにもかかわらず、裁判・調停では、両当事者の主張を足して二で割ったり、市場家賃の上昇分の半分としたりと、法律に違反する運用が行われてきた。継続賃料抑制主義なる運用である。また、予め当事者が家賃改定ルールについて合意した場合でも、その合意が地価変動等の事情によって無効とされる可能性もあり、賃料改定に対する事前予測可能性が阻害されていた。これでは家主の方も長期的展望に立って借家経営をすることは容易ではないし、借家人も、予定外に値上げされれば、人生設計、事業経営が狂う。

そこで、三二条の規定は、定期借家契約において、「借賃の改定に係る特約がある場合には、適用しない」(三八条七項)。これは契約自由の原則に戻って、一定の客観的なルール(たとえば、相続税・固定資産税・路線価、地価公示、消費者物価等と連動)で決めた場合、それを有効とするものである。家主が固定資産税・都市計画税の高騰にもかかわらず損しないように、これらの税金の値上げ分は家賃に上乗せするという契約も、算定方式を明確にするかぎり十分合理的である。

なお、商売がはやれば、それは賃借人の努力だけではなく、地の利が良いためでもあるから、売上げの一定割合を固定家賃に上乗せするという家賃設定は今でも行われているが、これは家賃の改定に係る特約ではなく、当初の家賃設定の基準と考えられる。

二 一切制約なし

ここで、条文上は、「借賃の改定に係る特約」を有効としているので、何年間賃料を改定しないという特約は有効かという問題が提起される。しかし、改定の特約をする場合でも、明日からすぐ改定するのではなく、一年とか二年は据え置いて、それから先改定するということになると思われるが、これを無効とするのも改定特約の趣旨ではない。また、「借賃の改定に係る」とは、文理上も、改定する場合もしない場合も含むというべきである。したがって、三年間改定しないという特約も有効と解釈される。このように、私見では、「本件賃料は、金月額〇〇万円とし、これは三年間改定しない」という特約は有効である。

これは定期借家に関する特例であるから、従来型の借家契約については、これから締結するものでも、この規定の適用がない。

三　新規契約に限定・切替え原則禁止

1　新規契約に限定

定期借家権は、新規に締結される契約に限って導入され、既存の契約には適用しない。既存の借家契約は、従来通り正当事由による保護を受ける（附則第二条第一項）。

ところで、ボストンでは、マサチューセッツ州の住民投票による法律で、既存の借家についても定期借家になった（一九九四年）。このように既存の契約をも一斉に定期借家に切り替えれば、定期借家政策は大きな効果をあげるが、社会的な混乱も生ずるし、既存の地位を侵害して、違憲の疑いもないではないので、避けられたのである。

2　新築にかぎらない

ここで、新規というのは契約自体についてであるから、建物自体が新築である必要はない。これまで賃貸していた物件を第三者に貸すとき、あるいは自己使用の物件、空き家をこれから貸すときは定期借家で貸すことができる。そこで、持ち家の空き家ストックが定期借家として出回ることが期待される。

3　新規かどうかの判定基準

契約が新規かどうかは、当事者の同一性、対象（賃貸物件の同一性）により判断される。相続人は被相続人の権利義務を承継するから、当事者は同一と判断される。建物が譲渡されたときは、賃借人は買受人に対抗することができ（借地借家法三一条）、買受人が従前の賃貸人の地位を承継するから、当事者は同一と考えられる。したがって、買受人において、居住用借家の従来型から定期借家への切り替えを提案することはできない（次の4）。

対象の同一性については、次の4で述べる。

4　居住用借家のみの切替え禁止

ここで、家主と借家人の合意によりこれまでの賃貸借契約を解約し、同じ物件について新たに定期借家契約を締結することができるようにすべきかという問題があった。これを認めれば、定期借家の利点を両当事者が享受することができるが、だまされて、定期借家に切り替えられ、次は期限で追い出されるのではないかという不安が借家人層から表明された。そこで、同じ物件については、「当分の間」定期借家に切り替えることが禁止された。附則三条で、「第五条の規定の施行前にされた居住の用に供する建物の賃貸借の当事者が、その賃貸借を合意により終了させ、引き続き新たに同一の建物を目的とする賃貸借をする場合には……改正後の借地借家法第三八条の規定は、適用しない」とするのは、この趣旨である。

建物が別個であれば、新規契約になり、この切替え禁止の規定の適用がない。当事者間で話合いにより、従前の建物の賃貸借契約を解約し、別の建物（部屋）の賃貸借契約を締結するときは、定期借家契約を締結することができる。この場合には、この切替えが仮装的だなどと、あとで問題にされないように、これまでの公租公課、共益費、家賃、敷金などを精算し、改めて、権利金、敷金などを授受し、後記**五1**の説明義務を果たしておくべきである。

なお、前記の附則三条は「同一の建物を目的とする賃貸借」と規定しているので、建物の同一性を基準としているかに見えるが、同じ建物でも部屋が異なれば契約の対象が異なるのであるから、切り替え禁止の適用を受けないと解釈すべきである。

この規定は、居住用借家に限定されているので、事業用建物については、既存契約についても、当事者がこれを合意解約して、あるいは期限到来のさいにこれを更新せずに、新たに定期借家契約を締結することが認められる。

また、ここで、「第五条の規定の施行前にされた」という限定がついているので、二〇〇〇年三月一日以降に、従来型で締結された賃貸借については、その後、期間満了の時点で、あるいは合意解約して定期借家に切り替えることは許容される。この時点以降は定期借家契約を締結できたのであるから、最初に従来型を締結したからといって、定期借家に切替えることを禁止する理由もないからである。

三　新規契約に限定・切り替え原則禁止

他方、定期借家の従来型への切替えは禁止されていない。それどころか、従来型の契約は口頭でもなしうるので、定期借家の期限が来たときに、再契約書を交わさずに、そのまま使用を認めていると、それは従来型の借家契約と認定されるおそれがある点に家主は特に注意すべきである（後述五2、3）。

四　新規契約については、従来型と定期借家の選択

定期借家法は、従来型借家規定を残したまま、これまでの期限付き建物賃貸借に代えて導入されたものであるから（条文上は三八条の改正にすぎない）、新規契約を締結するさいは、定期借家契約と、従来型の借家契約の選択制となっている。このいずれの契約を締結するかは両当事者の話合い、力関係による。いずれもが、得と思う方を選択したいと主張し、その内容は市場で決まる。家主が定期借家を希望するかもしれないし、逆に借家人が長期に居住することを望めば従来型になるかもしれない。

そのときの権利金、敷金、家賃その他の条件は、すべて交渉事項である。定期借家になれば、権利金が消滅するわけではなく、そのときの市場次第である。ただ、定期借家が増えれば、借家人が強くなるので、定期借家の家賃などは下がると見込まれるというだけである。

五　その他の留意点

1　説明義務

定期借家契約に当たっては、「建物の賃貸人は、あらかじめ、建物の賃借人に対し、同項（三八条一項、定期借家の根拠）の規定による建物の賃貸借は契約の更新がなく、期間の満了により当該建物の賃貸借は終了することについて、その旨を記載した書面を交付して説明しなければならない。」（三八条二項）。

「建物の賃貸人が前項の規定による説明をしなかったときは、契約の更新がないこととする旨の定めは無効とする」ので、従来型の借家契約とみなされることになる（三八条三項）。

したがって、借家人に定期借家契約であることを十分に説明するために、家主は、契約の更新がなく、期間の満了により賃貸借が終了する旨を記載した書面を交付する必要がある。これは契約書とは別に必要であるから、契約書に続いてこの書面を用意した場合にも、署名、印鑑は、契約書とこの説明を了解したという文書の両方に必要である。

ここには、記載すべき事項は、モデル書式を参照されたいが、日付は「あらかじめ」であるから、契約日と同日かもっと前でなければならない。賃貸人が説明する義務を負うのであるから、賃貸人の氏名の記載が必要である。

この規定は、定期借家契約を締結するさいには、その旨を説明しなければならないという、いかにも当然のことを定めているが、実はその効果は重大である。もし、この説明をしなかった場合には、契約自体が無効になるのではなく、契約の更新がないとする旨の定めが無効になるだけであるから、契約は従来型の正当事由借家になってしまう。家主としては、重大な錯誤によりこの契約自体を無効としたいところであるが、法律はこの契約を従来型とするとしているので、特にこの点に注意しなければならない。

さらに、斡旋業者などに説明してもらうときは、代理権を授与する必要があり、かつ、代理人の氏名を明記すべきである。説明をしたが、代理権授与の書類が不足していたなどというだけの事情で、従来型と解釈されては、大損である。

斡旋業者に対しては、宅地建物取引業法の重要事項説明義務を追加する（同法三五条一項一二号により建設省令で定める）という対応の方法があるが、これで斡旋業者が説明しても、賃貸人の代理人として説明していないと、賃貸人の説明がなかったから、定期借家の効果が生じないなどという論争を悪徳借家人から後日挑まれるおそれがある。本来は、斡旋業者が説明すれば、賃貸人の説明責任は消滅するように、この説明義務の規定を、「建物の賃貸人又は斡旋業者は、あらかじめ、……」とすればよかったのである。あるいは、斡旋業者には、賃貸人の代理人として説明するように書類を整えることという義務を宅地建物取引業法に基づいて課す方法もあろう。

いずれにせよ、解釈上ややこしい、紛争を惹起する妙な規定を入れたものであるが、この規定が入った以上は、かしこい家主はこの点に注意すべきである。

さらに、契約の内容つまりは、対象建物、契約期間（始期及び終期）、賃料等をきちんと記載しなければならない。

2　書面契約

定期借家契約は、前記の三八条一項が示すように、公正証書等の書面（定期建物賃貸借契約書等）によってすることとし、期間の満了をもって賃貸借が終了し、契約の更新がない旨を明記することとなっている。

本法は、当事者が合意により正当事由借家と定期借家のいずれかを選択するしくみを導入したものであるが、その意思が明瞭でなければ、いずれかと決める必要がある。イギリスでは、当初は正当事由借家と推定し、あとで、定期借家と推定した。借家人は現実には定期借家を希望するという実態に沿ったものであろう。しかし、日本では、借家人は正当事由借家を希望するのではないか、意に反して、定期借家契約を締結させられることはないかといった危惧があるところから、定期借家契約は特にその旨を書面で明示することとして、これらの危惧を一掃することにした。

すなわち、口頭の契約ではついうっかり意に反する契約を結ぶこともあれば、契約の内容が明確でないこともあるので、借家人保護のために、単なる口頭の契約は従前の正当事由契約とし、定期借家契約を結びたければ、書面によるとして、借家人を保護することとなった。家主は、うっかり口約束で貸してしまうと、期限を切ったつもりでも、定期借家にはならないので、注意すべきである。

特に、定期借家の期限が来たあとで、定期借家契約の書面を交換せずに、そのまま居ていいよなどと言ったとか、そのまま家賃を収受していた場合、不法占拠にならず、新たに従来型の正当事由借家契約を結んだと認定されるおそれがあるので、家主は、期限が来る前に、必ず、定期借家契約の再契約を申し入れるか、期間満了による明渡請求をすべきである。

この契約は書面によれば十分で、公正証書による必要はない。家主、借家人としては、市販の標準契約書を用いれば十分である。

再契約の場合、前と同じ条件であっても、面倒でも、改めて、前記の説明を行い、新たな契約書を作らなければならない。

この契約を公正証書によらせるかどうかは、立法論としては、その効用と両当事者の負担との比較考量の問題である。定期借地権についても、公正証書等の書面によることとあって、公正証書を義務づけていないこと（借地借家法二二条。ただし、事業用借地権については、公正証書による。同二四条）、公正証書でも、当事者にとっての有利不利を適切に助言してもらえるわけではないこと、不動産斡旋業者が代理人として公証役場に出頭するのであれば、当事者の経済的時間的負担が増えるだけであること、両当事者が真に定期借家契約の方がお互いに有利と考えるときまで公正証書を義務づけることは、不要な負担を増加させ、規制緩和の時代的な要請に反することを考慮して、公正証書の利用は一つの例示とするにとどめられている。

3　期間満了の通知義務

期間が一年以上の契約については、「建物の賃貸人は、期間満了の一年前から六ヶ月前までの間（通知期間）に、建物の賃借人に対し、期間の満了により建物の賃貸借が終了する旨の通知をしなければ、その終了を賃借人に対抗することができない」。建物の賃貸人がこの通知期間経過後に建物の賃借人に対しその旨の通知をした場合においては、通知の日から六ヶ月経過して初めて定期借家契約の終了を借家人に対抗することができる（三八条四項）。

定期借家契約において期間が満了するときも、再契約されることが多いと予測される。そして、再契約が何度も行われると、いつのまにか、期間の定めのない契約になるとか、従来型の正当事由借家になるなどという意見もある。しかし、それぞれが毎回確定期限で終了する定期借家であるから、そのような解釈は成り立ちえない。再契約拒否については、権利濫用（民法一条三項）などは生じないのである。

従来型の借家契約では、「当事者が期間の満了の一年前から六ヶ月前までの間に相手方に対して更新をしない旨の通知又は条件を変更しなければ更新をしない旨の通知をしなかったときは、従前の契約と同一の条件で契約を更新したものとみなす」（借地借家法二六条）とされているが、定期借家法は、賃貸人が期間の満了の六ヶ月前をすぎてから通知しても、その契約が更新されるのではなく、通知の日から六ヶ月経過すれば定期借家契約の終了を借家人に対抗することができる旨を定めているのである。したがって、借地借家法二六条は定期借家には適用がない。立法論としては、このことを明示すべきかという議論はありえたが、明示しなくても当然のことと考えられたのであろう。

他方、借家人が、再契約がなされるという期待をもった場合、それを一方的に裏切って、実は、借家権は完全に消滅したと突然一方的に決めるのも不適切な場合がある。また、借家人の方が期限を忘れていることもありうる。その場合に、期限が来たからといって、直ちに退去を求めるのも気の毒である。

これまでの期限付建物賃貸借に関する制度（借地借家法三八、三九条）では、催告の制度はなく、期限が来れば自動的に明け渡さなければならないことになっているので、このような気の毒な事態が発生するおそれがあった。

そこで、今般の定期借家法は、借家人保護に配慮した制度を導入した。すなわち、期間満了の一年以内、六ヶ月前までに期間満了する旨を賃借人に通知することとしたのである。そうすれば、賃借人も転居の準備、あるいは、新しい契約の交渉ができる。そして、期間満了で、これまでの契約は終了する。新しい契約が締結されれば、それによることになり、それが締結されなければ、借家人は退去しなければならない。

期間が一年未満の契約については、契約したばかりであるから、借家人がこの期限を忘れることもあるまいし、家主にこの負担を課すほどではないということで、この通知義務を適用しない。

期間が一年以上の定期借家契約においては、賃貸人がこの通知をすることを忘れたときは、賃貸人が賃借人に明渡しを求めることができるのは改めて通知をしたときから六ヶ月経過後である。この通知の時期については特に規定がないので、期間満了前に通知すればもちろん、満了後に通知した場合でも、通知後六ヶ月経てば、賃貸人は賃借人に明渡しを求めることができる。この期間満了後、明渡しを求めることができるまでの間は、定期借家契約の元来の期間は満了しているが、賃貸人から明渡しを求めることはできないという意味で、延長されているものである。

ここで、「対抗」という文言を用いたのは、賃貸人の方から明け渡しを求めることはできないが、賃借人の方からは、期間内は解約できないという特約がある場合でも、期間満了で借家権が消滅したと主張して、違約金を支払うことなく、退去することができるという趣旨である。

これは当事者の意思で排除できない強行規定である。

賃貸借期間が満了した後に、家主が家賃を受領しつつ、あとで気がついて、期間がすでに満了したことを通知した場合にはどうなるか。

民法六一九条（黙示の更新）は、「賃貸借ノ期間満了ノ後賃借人カ賃借物ノ使用又ハ収益ヲ継続スル場合ニ於テ賃貸人カ之ヲ知リテ異議ヲ述ヘサルトキハ前賃貸借ト同一ノ条件ヲ以テ更ニ賃貸借ヲ為シタルモノト推定ス但各当事者ハ第六百十七条ノ規定ニ依リテ解約ノ申入ヲ為スコトヲ得」とされている。もし、この規定が適用されるとすれば、この借家契約は期間の定めのない契約になって、その解約申し入れには借地借家法二八条の正当事由を必要とすることになりかねない。

しかし、定期借家法は、民法六一九条に優先する特別法であって、この場合も、賃貸人から期間満了の通知をすれば、その六ヶ月後には明渡しを求めることができるとして、この間は単に定期借家契約が延長されていると解されるのであるから、特段の意思表示がなければ、従来型の契約に切り替わることはないと解される。

ただ、従来型の契約への切り替えは口頭でもなしうるので、期間満了後家賃を受領するときなどに、再契約書を交わすのを怠って、「このまま居ていいよ」などと言えば、従来型の借家契約を締結したと認定されるおそれがあるので、家主は特に注意すべきである。

4　定期借家契約の中途解約

契約期間を定めれば、両当事者が拘束されるのは当然であるが、しかし、解約権を留保すれば、解約の申し入れ後建物については、三ヶ月経てば、賃貸借契約は終了する（民法六一八条）。現在でも借家人は中途で円満に退去することが多いが、それはこの特約による。

定期借家制度でも、この適用は妨げられないので、借家人が中途で解約する特約を入れることは許容される。

しかし、両当事者の力関係でこのような解約権を認めない契約もある。

これについて本法は二〇〇m²未満の居住用建物について特例をおいた。

すなわち、二〇〇m²未満の居住用建物については「転勤、療養、親族の介護その他のやむを得ない事情」が生じた場合には、合意（特約）がなくても、賃借人に一ヶ月の予告期間で解約権を認める（三八条五項）。これは強行規定で、当事者の合意によって排除できないものである。居住用の借家の場合には、中途解約の全面的な禁止は借家人に過酷な場合が多いという判断による。「やむを得ない事情」とは、契約時に予測できなかった事情で、契約関係を存続させる（賃料支払い義務を課す）ことが借家人に過酷であると考えられる事情をいう。例示のほかに、外国出張、外国留学、退学・結婚・離婚・失業による帰郷・その他遠方への転居などが入るかどうかが議論になろう。

ここで、予告期間は一ヶ月とされているが、これでは賃貸人は空き部屋を覚悟しなければならない。賃借人としては、「やむを得ない事情」が発生したら直ちに賃貸人に申し出るべきである。この事情発生が二ヶ月前だったのに一ヶ月前に申し出たといった場合には、信義誠実の原則（民法一条二項）違反と解すべきである。条文上も、「やむを得ない事情が発生した場合に、賃貸人に速やかに申し出るかぎりにおいて」といった明示の文言にすべきであった。トラブルを惹起させる規定である。

これは強行規定で、この予告期間を二ヶ月前などと、特約で借家人に不利に定めることはできない。

他方、事業用建物又は二〇〇㎡以上の居住用建物については、賃貸人の方も、長期的に採算をとる必要があるとともに、賃借人を強行規定でまで保護する必要性は大きくないと考えられるため、従来型の借家契約と同様に、当事者の合意による特約で対応することとした。

中途解約権なしで長期の契約を締結する場合には、事情が変わって、建物を賃借する必要がなくなれば、賃料の支払い義務だけが継続して困ってしまう。そこで、これについては、譲渡・転貸借条項を入れるのが普通である。家主としても、賃料が支払われるかぎりは問題はないが、暴力団などが入居すると困るので、賃貸人の合意を得て譲渡または転貸することができる（民法六一二条）という規定を入れることになる。

賃貸借契約の譲渡のさいには、賃借人は賃借人としての地位を離脱し、契約次第であるが、もともと払った権利金（の一部）などを家主又は新しい賃借人から受け取ることもできよう。

これは借家人からの解約権について述べたものであるが、家主からの解約権を約定したい場合もある。たとえば、期間内であっても、家が災害で修繕を必要とすることになったのでいっそ取り壊したいとか、家賃の一部を店の売上げ比例方式にしているが、売上げが少ないという場合である。しかし、これは、結局は、借地借家法二八条、三〇条の適用を受け、正当事由がなければ、解約できない。途中で解約したいことが予想されるなら、期間を短く設定するしかない。

家主からの解約権を認めるには、定期借家法においては、単に「更新がないこと」を定めるだけではなく、二八条の「正当事由」の適用を排除する規定をおくべきであった。

5　賃貸人不在期間中の期限付賃貸借は廃止

定期借家反対派は、従前の賃貸人不在期間中の期限付賃貸借（借地借家法三八条）によって定期借家の目的を達成することができると主張した。しかし、それは当たっていない。これが使えるのは、「転勤、療養、親族の介護その他のやむを得ない事情により、建物を一定の期間自己の生活の本拠として使用することが困難であり、かつ、その期間の経過後はその本拠として使用することが明らかな場合において」とされているので、期間が明確でなければならない。しかし、転勤、療養、親の看病などの場合、いつ終わるのか、わかっている場合は例外である。何年後に確実に戻してもらえるという約束付きの転勤辞令はまずないし、いったん戻っても、翌日付でまた転勤ということがある。親の看病がいつ終わるか、断言できるのは神様だけである。したがって、それを明確にせよという法律が間違っているのである。例外として考えられるのは、何年か経てば定年だから確実に戻れるとか、親の看病も、兄弟姉妹間で交代で行うという約束ができているので、一定期間後は戻れるという場合である。このように、現行法の期限付建物賃貸借の制度は、転勤、療養、親の看病にも普通は使えないのである。また、これは自宅に限るので、別に持っている空き家を娘が結婚するまで貸すためには使えないのである。

このように、この制度はほとんど役に立たないし、定期借家制度でその要請は満たせるから廃止した方がよい。法律上は、「第三八条を次のように改める」として、旧規定を廃止する趣旨が明示されている。もちろん、すでにこの制度によって締結された契約の効力は妨げられない（附則二条二項）。

6　取壊し予定の建物に関する期限付建物賃貸借は残す

借地借家法三九条は、「法令または契約により一定の期間を経過した後に建物を取り壊すべきことが明らかな場合において、……建物を取り壊すときに賃貸借契約が終了する旨を定めることができる」としている。定期借地権上の建物の賃貸借、土地収用などで明渡し時期が決まっているときに適用される。これは建物の取壊し時期がいつかが明確には決まっていないときでも（不確定でも）適用されると読めば、これと定期借家契約を併用するメリットがあるので、残しておくものである。

7　一時使用の賃貸借は残す

一時使用の賃貸借（借地借家法四〇条）には借地借家法がまったく適用されないので、期限到来により明け渡してもらえる点では、定期借家と似たような面があるが、これには書面を要しないとか、通知義務がないなど、定期借家とはまた違った利点もあるところから、今後も残すことになった。ただ、一時使用かどうかがあとで争いになる可能性があれば、定期借家契約を締結する方が賢明である。

8　建物譲渡特約付借地権と定期借家権

借地借家法二三条はいわゆる建物譲渡特約付借地権に関する規定である。借地権が消滅し、土地上の建物が借地権設定者に譲渡される段階で、借地権者または賃借人が請求をした場合には、建物について期間の定めのない賃貸借がなされたとみなされることになっている。しかし、新規の建物賃貸借契約について定期借家契約を許容する以上、この場合も同様にするとしないと一貫しない。したがって、これについても、今般、当事者の合意により定期借家契約を締結することが可能となった（二三条三項）。

第三章　家主のための、貸し方編

一　定期借家は得

1　定期借家が損な場合

定期借家で家主が損なのは、前述のように、書面契約、説明義務、通知義務と、面倒になる（これは再契約の場合も必要である）ことと、定期借家では、借家人の権利が弱いから、市場競争の結果、その分家賃や権利金が安くなる可能性があることである。同じ権利金なら、借家人は従来型を選ぶ可能性が高いからである。敷金、保証金は、期限が来ても明け渡さないとか家賃を払わないとかの保証のためであるからあまり変わらないだろうという意見もあるが、これも市場で決まるだろう。

なお、借家人が従来型を望んだら、権利金をアップすればよい。強い権利を買うには高い金を払わなければならないのだから当然のことである。

したがって、短期的に考えると、定期借家も損だということになる。

また、転勤中貸家に出して、少しでも収入を得ることが考えられているが、死亡したとき相続税を払わなければならないような資産家の場合には、転勤中に死亡するリスクがあれば、貸さないで、家族の誰かでも残って住んでいることにした方が賢明である。なぜなら、被相続人が居住していた建物の小規模宅地（二〇〇㎡未満）は相続税に関し八〇％評価減と（二〇％と評価される）されている（租税特別措置法六九条の三第一項一号）が、賃貸中に不幸にして死亡すれば、この特典もなくなるからである。

しかし、定期借家には通常の場合にはこの損を補って余りある利点がある。

2　定期借家ならトラブった場合、建替えの場合の明渡しは簡単

定期借家では、入居者が悪い借家人でも、トラブっても、期限到来というだけで、あとは何の理由もなく出てもらえる。そのために訴訟が必要になることも少なく、訴訟になっても、

借家人の方に居住する根拠がないから簡単に勝てる。弁護士費用も安い。

特に個人が貸す場合には、トラブった場合の処理が大変であるから、トラブルが極小化されるように、定期借家で貸すべきである。

従来型（正当事由借家）契約は、いずれ間違いなく出てくれると思う人を相手とする場合以外は絶対にしてはならない。たとえば、優良企業相手のいわゆる法人貸しとか、短期滞在が明らかな外国人教授、外交官などが相手なら多分大丈夫である。一流学生向けワンルームマンションなら、従来型の正当事由付き借家でも、どうせ出くれるから、定期借家にしなくても普通は大丈夫である。

アパート事業者の場合は、トラブルの処理のノウハウがあり、悪い借家人に居座られることがないようにできる自信があれば、従来型でもよい。

しかし、その自信がないとか、建替え予定のときは定期借家で貸すのがかしこい方法である。普通の人に貸すと、何年か経てば出るという約束でも、気が変わる。借家人は、病気だ、失業した、予定が変わって転勤しない、事情があるなどと言い出すおそれがある。それで建て替えるとき、立退料を払えなどと言われては、貸したおかげでかえって損だということになり、目も当てられない。

単身の男に貸せば、長くても一代限りだと思っても、実は結婚したり、内縁の妻がいたりして、賃借人が死亡しても、妻はもちろん内縁の妻でも借家権を相続する（借地借家法三六条）から、油断は禁物である。独身の美人が来ても、ひもが入り込んで、隣室の人が吃驚して、出てしまって、空き室ばかりというアパートもある。よい人にはずっといてもらいたいが、悪い借家人に簡単に出てもらうためには、定期借家が絶対にお勧めである。

本当に長年貸すつもりなら、正当事由借家でもよいが、それでも、長く住む可能性のある人に貸すときは老朽化して建て替えるとき、立退料を取られるリスクがあることを覚悟すべきである。従来型では、借家人が出る時期が一緒でないため、建替えが困難である。みんなが出るまで待っていては、空き家ばかりになって、経営ができない。定期借家なら、期限で立退料なしで一斉に出てもらえるから、将来の建替えのときは非常に助かる。

今は永久に貸すつもりでも、将来、事情が変わって、売ることもあると考えると、正当事由借家人がいれば高く売れないから、私なら、とにかく、短期的には損だと思っても、定期借家にする。

3　定期借家の担保価値は高い

さらに、貸家を担保に融資を受ける場合、定期借家であれば、悪質な借家人が入っていてもいずれは明渡しを求めることが容易である。従来型では、先に入居した借家人は抵当権者に対抗できるから、未来永劫出ていかないかもしれない。そこで、定期借家で貸せば、従来型よりも担保価値が上がる。

4　家賃の保障

家賃がこれから上がると思ったら、定期借家にして、再契約毎に市場家賃にするか、自動改定条項を入れればよい。

家賃が当分下がると思えば、家賃に関するかぎりは、従来型でもよい。家賃を据え置けば、借家人の方から減額請求がなされ、妥協した額になる。

二　定期借家でなら貸した方がよい—活用編

次のような場合、従来型では貸す気が起きないが、定期借家でなら、貸した方がよい。

1　大きな持ち家の期限貸し

家族が減ったため、大きい家に独りで住んでいるような場合、わが家を貸して、子どもの家に寄せてもらうとか、小さいマンションやケアハウスに移れば、家賃の差額で、生活は楽になる。年金が当てにならないと心配されているので、もう少し所得がほしいが、かといって、住み慣れたわが家を売る決断はなかなかできないし、従来型で貸せば帰ってこない危険がある。たとえば、新しい住居になじめずに、やっぱりわが家に戻りたい、最後はわが家で死にたい、子どもに相続させたいという気持ちになるときに、困ってしまうのである。

これに対して、定期借家なら、期間が満了すれば返してもらえるのだから、安心して貸せる。私は、私が死んだらわが家を貸して狭いアパートに移れば、家賃の差額で生活が楽になると妻に遺言している。これぞ、「愛妻プラン」である。

2　当分の間の不在中

転勤の時、長期の海外出張の時、その他当分不在の時、空けたままにしておくよりは定期借家で貸す方がよい。一夏でも貸せる。自宅を必要とするときよりも早く期限が来るように、あるいは、短期の契約を繰り返すようにすればよい。

3 父母の家を貸すとき

父母が高齢化したり、亡くなったりして、空き家にしている家も少なくない。これもいずれ使うと思えば、従来型では貸せない。売るのはご先祖様に申し訳ないとして売れない人も多い。しかし、定期借家なら貸せる。

4 子どもが結婚すれば住む家を一時的に貸すとき

家を別に持っているが、子どもが結婚するときは必要かもしれないので、売る気も起きないが、空き家にしておくのはもったいない。この場合にも、定期借家が便利であるが、定期借家には不確定期限を付けることができないから、短期の定期借家契約を繰り返すことにする。子どもがその家を必要とする頃には、期限が来たときに再契約をしないことにすればよい。

5　この夏（冬）使わない別荘を貸す

別荘も、また使うので、売る気はないが、当分、あるいは、この夏は使わないというとき、定期借家で貸す。

これは、一時使用の制度を使えば、更新されることはないが、本当に一時使用なのか、争いが起きるとやっかいである。一時使用であっても、定期借家として、書面で期限を切って契約しておけば、従来型に切り替わることはない。

6　売り時を待つ

自宅を売って、別の家を買いたいが、今は売り時ではなく、思うような値段では売れない。市況が好転するまで待ってから売りたいと思えば、従来型ではうっかり貸せない。売るときに借家人がいると値下がりするからである。定期借家なら、売ろうと思うときには再契約をしなければよい。

また、従来型では、家賃上昇時でも、市場家賃を取れず、長期にわたると採算が悪くなるが、定期借家なら、家賃改定条項を入れるとか、再契約のさいに市場家賃を取れるので、新しくもう一軒家を買ったときでも、これまでの家を売らないで、定期借家で貸し、その賃料収入でローンを返済するという方法もある。不動産賃貸業をすれば、返済利子や減価償却分が収入から控除されるという税制上のメリットもあるので、一度計算してみるべきである。

7　ローンを返せなくなったとき

自宅を買ったが、ローンを返せなくなったので、売ろうかと思っても、バブル崩壊で値段が下がり、担保割れしているので、売っても借金が残り、抵当権者が同意してくれないので、売るに売れない。

この場合、とりあえず、わが家を定期借家で貸す。そして、家賃の安い家に移って、ローンの返済資金を多少でも確保すれば、切り抜けることが可能になることもある。そして、市況が好転したら売るとか、あるいは、給料が上がったら、わが家に戻ることも可能になる。

8　高齢者に貸す

これまでは、高齢者を敬遠していた家主でも、定期借家なら、居座らないから、高齢者にも貸してみたらよい。二年間平穏に住み、家賃もきちんと払ってくれれば、再契約すればよい。

9　ウィークリー・マンション

ホテルに長期滞在する代わりに、家具付きのマンションに期限付きで住むという需要もないではない。

三　気をつけろ

定期借家は従来型と違って、借家人保護条項を入れているので、注意しないと、大損してしまう。

1　不確定期限で定めてはならない

定期借家は「期間を定める場合」に限る（第二章二3）。期間を定めない契約は従来型である。期間とは、必ず、何年何月何日までという確定期限をつけることである。「卒業まで」、

「転勤まで」、「帰ってくるまで」、「娘が結婚するまで」、「死亡まで」といったものでは、期間を定めたことにならない。必要なときに確実に返して貰うためには、短期の契約を繰り返すべきである。

2　居住用なら短期で

借家契約の期間は、事業用なら長期契約を締結するのもよい。二〇〇平方メートル以上の居住用借家でも同様である。しかし、二〇〇平方メートル未満の居住用借家の場合、事情変更による借家人の解約が認められている（第二章五4）ため、長期契約を理由として家賃を軽減すれば、大損する。そこで、短期の契約を繰り返した方が得である。

3　口約束で貸すな

定期借家にするには書面が必要である（第二章五2）。口約束で貸せば、従来型の正当事由借家になってしまう。

書面を作れば十分である。市販の契約書の雛形に特約条項をしっかりと書けばよい。公証人に公正証書を作ってもらうのは金がかかるだけムダである。

最初に貸したときだけではなく、期間満了のときも、家賃の改定だけとか、「このまま貸します」などと言うと、従来型に切り替えたと解釈される可能性がある。面倒でも、期限毎に再契約書を作ること（第二章五2、3）。

4　説明義務を忘れるな

定期借家だということをしっかり説明して、だまされたといった苦情が出ないように、定期借家契約の趣旨を理解し、期限が来たら明け渡さなければならないことを了解しましたという文書に署名捺印して貰うことが必要になる（第二章五1）。さもないと、定期借家契約は無効（更新できないという部分だけ無効）になり、従来型で貸したことになってしまうのである。とんでもないことであり、口頭で説明しただけでは、証拠がない。説明のさいに交付した書面と引き換えに借家人から説明を受け、了解しましたという文書を、署名、捺印付きで貰っておくべきである。

しかも、その説明は、家主の責任であるから、斡旋業者などに説明して貰う場合には、代理権授与書を作成して、代理人の説明を受けたことがわかるようにすべきである。

なお、本法は単に説明すればよいとなっているので、実は誰にも読んでほしくないといわんばかりに、保険の約款のように小さな字で書くという、悪質な家主が出るのではないかという心配もないことはない。しかし、そんなことをすれば、定期借家契約自体が無効とされる心配があるので、家主の方はそんなことは絶対してはならない。むしろ、聞いていないなどと言われないように、この説明すべき重要な点は、ゴシックにして、地の色と反対の赤で書き、アンダーラインでも引いて、特に注意を促すようにする方がよい。私が標準契約書を作るのであれば、そのようにするし、市販の契約書を活用する場合でも、アンダーラインを引いた方がよい。

5　通知義務を忘れるな

定期借家は、自動更新しないから、一年以上の契約をしている場合には、期限の六ヶ月前には期間満了の通知をすることになっているが、通知をしないで再契約するかどうかの話をしていると、期限直前にやはり出るとか、やはり居たいとかいうことになって、混乱する。

まずは通知をして、一定期日までに再契約の話がまとまらなければそのときには期限終了で明渡してもらうようにすっきりと話をする方がよい（第二章五3）。

通知を忘れたときも、思い出したらすぐ通知すれば、通知の時から六ヶ月経てば、明渡請求ができる。

期限が来るときに再契約する場合にも、この通知が必要か。この通知をしないと、前の契約による明渡請求権が発生しないことになるが、しかし、再契約すれば、明渡請求権はこれと矛盾するし、再契約した場合には、通知をしたと同じとも言えるから、この場合には、通知なしで再契約することができると解されるべきであろう。ただ、念のため通知をして受領書を徴しておいた方がよい。

期限前にこの通知しないで、再契約の交渉をしたが、結局は条件がまとまらないとき、明渡しを求めるには、この通知が必要である。再契約の交渉がこの通知だと理解されればよいが、そう解釈されないときは、交渉が決裂してから通知しても六ヶ月経過するまでは明渡しを求められないので、賃貸人が、交渉が決裂すれば、期限で明け渡してもらいたいと考えるのであれば、交渉と並行して、この通知を出した方がよい。

家主がこの通知をせず、むしろ、また居ていいですよといった場合、何度も念を押すが、定期借家の再契約ではなく、新規の借家契約と解される可能性も出てくる。家主としては、要注意である。

ただ、期限が過ぎてから、そのまま家賃を受け取っていても、それだけでは正当事由借家にはならないと解すべきであるから、気がついたらすぐ通知すべきである。

この通知を忘れるのが心配なら、一年未満の契約をすべきである。それなら通知は必要がない。しかし、よい借家人なら、再契約しようと思っていても、借家人は、期限で出なければならないとして、別の借家を探している可能性がある。そうすると、空き家になってしまう。一年未満の契約の場合も、再契約の意思があるかどうか、半年前くらいに交渉すべきである。

通知の時は受領書を書いてもらうこと。もらえなければ内容証明郵便を出すこと。その書き方は郵便局で説明してくれる。証拠がないと通知したことにはならない。

6　居住用借家で定期借家への切替えを持ち出すな

従来型の居住用借家契約を定期借家に切り替えることは禁止されている（第二章三4）が、家主が定期借家契約にしてくれたら、権利金、家賃をまけるとうまいことを言えば、応ずる借家人もいるであろう。禁止に違反しても処罰されることはない。

しかし、これでうまくいったと思ってはならない。理論を言えば、この切り替え禁止は、三八条の規定を適用しないとするものであるから、更新がないという部分を無効とするだけで、他の部分は有効になる。そうすると、切り替えで家賃を値下げした家主は大損することになる。

もし、どうしても、定期借家に切り替えたかったら、別の建物（部屋）に移ってもらって、契約を完全に新規にすることである。その際、十分に説明を受けたという書面を徴すること（第二章五1）。

なお、従来型の契約の期限が来たとき、両当事者の合意により更新せずにそのまま契約を終了させ、間を数日とか一ヶ月おいて、同じ部屋を対象として定期借家契約を締結することは許されるか。上記の附則三条では「引き続き」が切り替え禁止の要件なので、この例が

「引き続き」に当たるかという解釈問題が起きる。いったん間をあければ（その間の利用権原が何かがはっきりしないが）、引き続きではないとも言えるし、その間第三者に利用させたり自分が利用したりしないで、従前の賃借人に利用させていれば、やはり「引き続き」であって、これは脱法行為だという意見も多そうである。こうした切り替え契約は危険だからやめた方がよい（ただ、私は切り替え禁止が契約の自由を侵害しすぎて違憲だと思うが、そんな訴訟をするのはよほどの覚悟がいる）。

四　特約の工夫

1　長期の契約の場合の家賃

長期の契約をするときは、家賃の自動改定条項（第二章二4⑷）を入れること。たとえば、ホテルや店舗用に貸すときである。

日本では、「賃料は三年ごとに両当事者協議のうえ改定するものとする」といった紳士協定的な条項がよく入れられるが、その内容は不明確であり、合意が成立しなければ、永久に当初の賃料のままになってしまう。それでは不合理であるから、合意が成立しなければ、結局は従来型の三二条（近傍同種の家賃）によって判断されることになるのではないか。それなら、このような特約は入れない方がよい。

2　中途解約

二〇〇㎡未満の居住用借家に限って、借家人に「やむを得ない場合」の一ヶ月前予告中途解約権が認められている（第二章五4）。

店舗併用住宅も、居住の用に供する建物であることに変わりはない。このため、これについて中途解約禁止規定を入れてもその分は無効である。

二〇〇㎡以上の居住用借家又は事業用借家の場合には、中途解約禁止とするか、中途解約を認めるかは両当事者の合意による。

借家人の方から期限内中途解約条項を入れてほしいと希望されることがある。これに応ずるなら、一ヶ月前の中途解約では、次の借家人を見つけるのが困難であるから、中途解約の予告期間を三ヶ月とか六ヶ月とし、それより短い期間で解約する場合には中途解約違約金を何ヶ月とか、合理的な額を定額で定めればよい。あるいはそれなりの権利金または保証金の敷引きを定めればよい。

中途解約を禁止すること（借家人は期限内に出ても期間満了までの家賃支払い義務を負う）も可能である。ただし、借家人がこれは不利だと応じない可能性もある。また、中途解約を禁止し、しかも、賃借権の譲渡又は転貸（民法六一二条）も禁止すると、その契約は借家人に酷で、無効とされるおそれがある。したがって、譲渡又は転貸を認めざるをえないが、家主としては、借家人を自分で探した方がよいと考えるなら、譲渡・転貸を禁止して代わりに中途解約を許容した方がよい。

譲渡又は転貸を許容する場合には、「賃貸人の同意を得て」譲渡又は転貸することができるという特約を入れるべきである。そして、「賃貸人は合理的な理由がなければこれを拒否できない」とすれば、賃借人も納得できる（また、この条項が入っていないからといって、賃借人が恣意的に同意しなければ、裁判所で違法と判断されるだろう）。

債務不履行で解約するとき、期限内の家賃を支払ってもらうため、賠償を約束すること。

モデルとして、次のような特約が考えられる。

「本契約は、やむをえないと認められる場合には、乙において六ヶ月前に予告して（予告から明渡しまでに期間に相当する期間が六ヶ月に満たないときは、その満たない期間に応じて月家賃の倍額の違約金を支払って）解除することができる。」または、

「本契約は期間満了前に解除することができない。乙においてやむを得ない事情が発生した場合には、甲の承諾を得て、本件物件を第三者に譲渡又は転貸することができる。」

この転貸については、民法六一三条が適用される。「転借人は賃貸人に対して直接に義務を負う」。

もともとの契約が定期借家であるから、この賃借権の譲渡・転貸契約も定期借家契約とし、期限が満了すれば、契約は終了することを賃借権の譲受人、転借人に説明しておくべきである。

また、借地借家法三四条（建物賃貸借終了の場合における転借人の保護）では、「建物の転貸借がされている場合において、建物の賃貸借が期間の満了又は解約の申入れによって終了するときは、建物の賃貸人は、建物の転借人にその旨の通知をしなければ、その終了を建物の転借人に対抗することができない。

建物の賃貸人が前項の通知をしたときは、建物の転貸借は、その通知がされた日から六月

を経過することによって終了する。」とされている。

そこで、賃貸人は、転貸借を承認したときは、三5で述べた期間満了の通知は、賃借人に対するほか、転借人に対しても忘れずにするように。そして、賃借人への通知は、期間満了の一年前から六ヶ月前までの間（通知期間）に行うようになっているが、転借人への通知は、いつまでとなっておらず、その通知がされた日から六月を経過することにより転貸借を終了させることができるとなっているので、賃貸借と転貸借をちょうど期間満了のときに終了させるには、期間満了の六ヶ月前に通知を行うように気をつけなければならない。

3　事業用借家の定期借家への切替え

切り替え禁止条項は、居住用借家に限られる（第二章三4）。事業用借家については、既存の従来型借家契約を定期借家に切り替えることは禁止されていない。将来、建替えなどのとき高い立退料を取られるとか、明け渡してもらえないなどとトラブル可能性があれば、権利金の一部を返還するなどにより、定期借家への切り替えを提案してみる価値がある。

4　期限不遵守者・行方不明者対策の特約

期限が来ても出ない者がいたり、行方不明になった者がいると、訴訟を提起して、明渡しを求めなければならない。これには大変な経済的・時間的な負担がかかるし、次の者を入居させるという契約をしていれば、大変な不利益を生ずる。

そこで、期限を必ず守らせ、守らない者がいても、損害を最小限にする特約を入れる必要がある。私が家主なら次のような特約を入れる。普通の借家人はこれに応ずるだろうし、これに応じないような借家人は危ないから貸さない方がよい。

「賃借人が明渡し期限に明け渡さない場合において、次の入居予定者の入居予定日以降についても、賃借人はこれによって生ずる損害を賠償しなければならない。その額は少なくとも家賃の三ヶ月以上とみなし、賃貸人は三ヶ月分の家賃相当額を敷金から控除することができる。」

さらに、「次の入居予定者の有無にかかわらず、乙は、甲に対して、違約金として、期間満了後は明渡しまでの期間の家賃の倍額を支払わなければならない」とする。

「賃借人が家賃を二ヶ月以上滞納し、かつ一ヶ月以上所在不明の場合、賃貸人は明渡訴訟を提起することなく、本件賃貸借契約を解除して、本件賃貸物件の鍵を開け、家財道具を撤去し、保管に不相当の費用がかかるものは廃棄して、本件賃貸物件を自ら使用し、またはこれに第三者を入居させることができる。ただし、貴重品は六ヶ月間保管しなければならない。」

これは、いきすぎだという意見もあろうが、家主と借家人の利害を適正に比較すればこれは借家人に過大な負担を負わせるものではないから、私見では問題はないというべきである。

5 起訴前の和解

貸すときに返してくれないのではないかなどと心配するなら、貸さなければよいが、特に事情があって、不安ながら貸す場合には、あとで取り返すのに長年訴訟をやる負担だけでも回避したいという場合の特効薬が起訴前の和解である。最初の賃貸契約書で賃借人と起訴前(訴訟提起前)の和解をする。契約したときに一年後の何月何日に明け渡していただくと契約書を作って、簡易裁判所の裁判官に判断してもらうのである(民事訴訟法二七五条、二六七条、民事執行法二二条七号)。そうすると、明渡しのためには裁判は不要で、直ちに執行できるのである。

従来型の賃貸借契約において、立退きを求めたところ、もめて、たとえば、あと三年間だけ貸してほしい、それなら確実に出るからということでまとまったときは、この起訴前の和解を活用すべきである。

第四章　借家人のための、借り方編

一　こんな時は定期借家がお勧め

1　従来型と比較せよ

市場には従来型と定期借家の両方が出ているし、また、この片方しか提供しない家主に対しても、他方を提案してみる価値がある。

この家が気に入って、一生出る気がないとまで思い詰めれば、従来型で家主と交渉するのもよいだろう。そのときは、高い権利金を要求される覚悟がいる。

しかし、普通の借家人はそれほどの覚悟ができない。そのうちもっと良い借家が見つかったとか、転勤だとか、家を買ったとか、死んだとかで、借家契約を解約するしかないことがある。そのときは、高い権利金はドブに捨てたも同然である。そこで、普通には定期借家を、期限ごとに繰り返していく（再契約する）ものである。定期借家だから、期限で出なければならない場合、引越代も高いしとして、権利金をまけろと交渉して、条件のよい方を選ぶこと。転勤などでわが家を貸す家主は、絶対期限を守ると思われる人には、安心して権利金、家賃を安くする可能性が高い。

営業用に借りる場合、商売がはやった頃、期限が来て、出ろと言われては割りが悪いと思えば、従来型を借りればよい。その代わり、権利金も高くなる。それで、途中で出るときは、借家権の譲渡により、次の借家人から、借家権の補償をもらえる慣行があるところもある。その点も、契約ではっきりさせることが必要である。あるいは、定期借家でも相当長期の契約を結び、ただし、中途解約条項を入れればよい。

2　定期借家は掘り出し物

さらに、明らかに定期借家の方が得な場合がある。

空き家になっている持ち家を定期借家で借りる場合には、どうせ減価償却は済んでいるし、空き家にすると家が傷むという理由もあるので、あとでトラブルが起きないという保証をすれば、相場よりも非常に安く借りられることがある。それなら、自宅を買うよりも、借りる方がはるかに得である。

また、この借家に短期間しか住まない可能性が高いとき、たとえば、日本に短期留学とか、学生の期間が限られているとか、他の借家を探すとか、社宅や公営住宅が当たる可能性が高いとか、転勤して、いずれ持ち家を買うとしても、当分様子を見るとき、家を建て替えるまでなどでは、定期借家を探す方が安く済む可能性が高い。

子どもが中学生になり、大きな家がほしいが、どうせ子どもが大学生になれば出ていくのだし、数年間のために家を買うのは大変な負担だと考える場合、その期間だけ大きな家を借りて、夫婦だけに戻ったら、また小さい家を借りるというライフサイクルに合わせた住み替えも良い工夫である。

セカンドハウス＝別荘は、どうせ利用効率は低いのだし、気に入るかどうかもわからないから、買うよりも、少なくとも一夏、一冬だけ定期借家してみること。別荘を買えないあなたでも軽井沢族になれる。それで、よほど気に入ったならはじめて買えばよい。

日本には家具付き借家は少ないが、これからは家具付き、クーラー付きなども結構出てきて、選択肢が増えると予想される。短期間の場合、家具を買って、引越しのさいに運ぶ費用を考えると、家具付きを探した方が得な場合も多い。

二　気をつけよ

1　契約条項はしっかり点検せよ

ポイントは、期限、家賃、権利金、保証金、中途解約禁止条項、違約金条項である。また、勝手な特約が付いていないか、目を皿のようにして、契約書を点検するべきであるし、その場で即決しないで、契約書を貰って、一晩考えた方がよい。

期限が来た時万一明け渡せといわれても、覚悟ができているかどうか。この通知期間が六ヶ月前では短いと思えばもっと長くするように交渉すること（第二章五3）。ただ、それで、通知を一年から一年半前にすると約定して、安心してはダメである。家主がこれに違反した場合の効果を定めなければならない。賃貸人が期間満了の一年前以後にこの通知をしたときは、その通知が賃借人に到達してから、一年間は賃借人に対抗できないといった特約をおく必要がある。

家主から、期間満了の通知がなければ、期限が来ても居座ってもよいが、そのときは家賃相当分を支払うこと。さもないと、やはり契約を解除される。出てもよい。出るための手続は何もないが、敷金の返還請求権を確保するためにも、家主立ち会いで借家の現状を確認して、明渡日を確定させてから出ること。

あまり長期の定期借家契約はしないこと。中途解約条項（第二章五4）があればよいが、なければ、期限まで家賃の支払いを強制される。大変だ。

権利金、敷金＝保証金は高すぎないか。定期借家だから、期限が来たら引越料もかかる分安くせよと交渉する余地はないか。

中途解約のさいの予告期間は長すぎないか。違約金は高すぎないか。

2　抵当権も怖い

借家権は、登記がなくても、そのあとに登記された抵当権に優先する（借地借家法三一条一項）。しかし、定期借家契約を再契約すると、前の契約とは別となるから、再契約前に抵当権が設定されていると、借家権が負けてしまい、抵当権が実行されると、買受人と再契約ができない限りは追い出される。敷金の返還債務も買受人に承継されない。ただし、建物については三年以内の短期賃貸借は保護される（民法三九五条）。再契約のさいには、このことに注意して、特に長期の借家契約を締結するさいには、抵当権登記の有無を調査すべきである。

3　うまくいくかも

口約束なら定期借家にならないので、うまくいくと、従来型になる（第二章五2）。

親が借りていた家を、親の死亡のため子どもが借り続けるときも、切り替え禁止規定が適用される。子供が親の賃借権を相続しているかぎりは、切り替え禁止により制約された借家人の地位も承継するからである。しかし、家主が切り替えを提案すれば、法的には得することもある（第三章三6）。

切り替え禁止は居住用に限る。事業用なら切り替えが可能である。条件がよいと思ったら切り替えに応ずること、あるいは、持ち出すこと。

三　特約の工夫

1　一生居たい

この家が気に入って、一生住みたいが従来型では権利金が高いし、定期借家では数年ごとに再契約をしなければならず、明渡しを求められる不安がある。それなら、どんなに長生きしても期限が来ないくらいに長期の定期借家契約を締結し、しかし、死亡したときに解約することができるという条項を入れ、かつ、居住年数に応じて権利金を一定割合で返還するという特約を入れればよい。もちろん、家主がそれなら従来型でというかもしれないが、とにかくこうした特約も選択肢に入る。

たとえば、「本契約は○○年○○月○○日から○○年○○月○○日までとする。ただし、乙（賃借人）が死亡したときは相続人においてこれを解約することができる。その場合には、甲（賃貸人）は乙の相続人に対し本契約にさいして受領した権利金のうち、未経過期間（一年未満は切り捨て）の割合に応じた金員を返還する。ただし、利子は付けない。」

2　優先賃借権

定期借家でも、期間が満了しても優先的に借り続けたいことが多いだろう。家主が自分で使うならやむをえないとして、他人に貸されては、腹が立つ。そこで、他人に貸す前に、まず自分に話をするようにという優先賃借権条項を入れさせるべきだろう。

たとえば、「甲が本契約の期間満了にさいして本賃貸物件につき第三者と賃貸借契約を締結しようとするときは、あらかじめその契約条件を乙に開示しなければならない。乙が一〇日以内にこの条件で再契約に応ずる旨の意思を表示したときは、これにより再契約の効力が生ずる」という特約を入れるのである。

3　再契約の予約

一定の条件（たとえば、大学の留年）が発生すれば借り続けたいこともある。そのさいきは、期限の一定期日前までに予告すれば再契約料を何ヶ月分か支払って再契約することができるという再契約の予約条項を入れることも考えられる。

「乙が大学を卒業できないため、再契約の意思を表示する場合には、その意思表示が期間満了の一ヶ月前までになされるかぎりにおいて、本契約と同一内容の契約が一年を限り締結されたものとする。この場合においては再契約料は一ヶ月分とする」といった特約を入れるのである。そして、改めて、再契約書を作ればよい。

あるいは、条件如何にかかわらず、先になって、借り続けたいことが起きると思えば、「乙は、本契約の期間満了の一年前あるいは六ヶ月前までに甲に通知することにより、本件賃貸物件について本契約と同一の条件でさらに二年間の定期借家契約を成立させることができる」という再契約の予約条項を入れればよい。これについては、更新の予約に当たり、本定期借家法では禁止されているという意見もあろうが、私見ではこれはむしろ定期借家法が期待した契約である（第二章二2）。

初めから長く借りたいということがわかっていれば最初から長期の契約を結べばよい。

両当事者に六ヶ月前までに異議がなければ、本契約はさらに二年間延長されるといった契約も有効としたいところであるが、これは更新の予約そのものという感じがあり、違法（従来型になってしまう）とされる心配があるので、面倒でも、毎回六ヶ月前に交渉して、再契約書を作った方がよい。

こうした再契約の予約とは逆に、大学留年を予想して、たとえば、五年の定期借家契約を締結し、ただし、乙において無事卒業するときは、一ヶ月前に通知することにより、解約の申入れをすることができるといった特約を入れる方法もある。

4　事業用借家競業阻止約款

事業用の借家の場合、せっかく商売がはやり始めた頃、家主が期限を理由に明渡しを求め、同じ商売を始めるとか同業者に貸すとかいう心配がある。これでは、せっかくの努力を盗まれることにもなりかねない。そこで、家主は、期間満了後、賃借人が再契約を希望するにもかかわらずこれを拒否して、当該物件を賃借人の行っていた営業の成果を利用するような営業に、自ら利用したり、第三者に利用させてはならないといった特約を入れるのはどうだろうか。ただ、その違反に対する制裁も、通常は損害賠償止まりであろう。

「乙が再契約を希望した場合において、甲はこれを拒否して、乙が営んでいた営業ののれんを利用する営業を自ら営み、または同様の営業を営む第三者にこれを賃貸してはならない。」

5　優先購入権

賃借物件が気に入って、買いたいこともある。賃貸人がこれを第三者に売却しようとするときは、その前にまずは賃借人と交渉するように優先購入権を規定することも考えられる。ただ、単に交渉したが、ダメだったという結果になる可能性も高いが、それでも、交渉の機会があるだけ違うだろう。

「甲が本賃貸物件を第三者に売却しようとする場合においては、その売却条件をあらかじめ乙に開示し、乙と交渉しなければならない。」

6　借家の斡旋料

借家の斡旋報酬は、建設大臣告示（一九七〇年一〇月二三日建設省告示一五五二号）で家賃の一ヶ月分が上限とされている。これは上限であるから、当事者の合意と市場次第で適切な相場ができるはずである。しかし、実際には、これは上限でなく、公定相場だと誤信して当然のように払っている借家人が多いだろう。しかも、この一ヶ月は、家主と借家人の両方から受けることのできる報酬の合計額とされており、ただ、「居住の用に供する建物の賃貸借の媒介に関しては依頼者の一方から受けることのできる報酬の額は、当該媒介の依頼を受けるに当たって当該依頼者の承諾を得ている場合を除き、借賃の一ヶ月分の二分の一に相当する金額以内とする」とされている。借家人は実際には一ヶ月分払っていることが多いが、業者と交渉して、この手数料を引き下げさせてください。

借家契約の期限が来た場合、従来型の正当事由付き借家では、原則として更新される。更新のさいの不動産業者の手数料は、宅地建物取引業法では規制されていない。自由契約ということになる。実際上は更新事務手数料といった形で取っている。更新の時いくらの手数料を取られるかを最初の契約時に確かめて、更新手数料の安い業者を選んでください。

定期借家の場合、更新はないが、再契約がある。これは新しい契約であるから、斡旋料を取れることになり、その上限は一ヶ月分となる。しかし、定期借家の方が従来型よりも安くなるというのがその立法趣旨であるのに、再契約毎に不動産業者に高い手数料を取られるのでは、不合理であるし、再契約のさいは、新たにお客を探すのではなく単に同一内容の書類の説明にとどまるから、一ヶ月分は高すぎる。説明に一時間かかっても、せいぜい三〇〇〇円くらいでよいはずである。

そこで、再契約のさいには不動産業者を入れないで、家主と直接交渉で、不動産屋の手数料を節約するように約束するか、それとも、再契約の手数料は大幅に安くさせること。次のような特約を入れるべきである。

「再契約にさいしては、不動産斡旋料を不要とする」、あるいは「再契約にさいしては、斡旋業者を介さずに、当事者同士で賃貸借契約書を作成するものとする」。

第二部　定期借家法の提唱

第一章　借家法改革は民事法の発想では無理

一　はじめに

現行借家制度では、一度貸したら、自己使用その他の事情を考慮して正当事由があると認められないかぎりは、建物が朽廃するまで末代まで貸さなければならず、賃料値上がりのときも市場家賃を取れない。これに対し、期間満了により、正当事由がなくても借家関係を消滅させる類型のいわゆる定期借家契約を導入すべきかどうかがホットなイッシューとなっている。法務省では、民法学者よりなる私的諮問機関で研究を行ない、一九九七年六月、借家制度などに関する論点（以下、法務省論点という）を公表した。これに対して、主に経済学者から、そもそも法務省は、定期借家権の検討機関としての適格性に疑問があるという、非常に厳しい批判が寄せられている（八田達夫ほか「定期借家権制度の検討における法務省の非中立性を問う」週刊エコノミスト一九九七年七月二九日号）。

これは、市場経済を、弱者保護という観点から法律でどこまで規制するべきかという立法論であるから、解釈論とは異なって、契約の自由に対する憲法上の制限の範囲、住宅を確保できない弱者発生の可能性、多数の関係者の利害調整、規制および規制撤廃の市場経済への影響の洞察、法の予測可能性の確保と紛争コストの最小化、など、多様な問題を検討しなければならない。しかし、法務省論点は、定期借家には「弊害」があるといった、根拠なきバイアスにとらわれ、まともなアプローチをしていないと思われる。以下、これらの論点を念頭におきつつ、筆者の論点を示して検討しよう。

二　家主横暴という立法事実の存在

借地借家法は行政法ではなく民事法であるから、規制緩和の問題になるのかという論点が出されているが、形式が民事法であれ行政法であれ、市場経済を制限する点で、契約の自由を制限する経済規制立法であることに変わりはない。

規制立法にさいしては、その必要性を根拠づける事実、つまり、憲法学にいわゆる立法事実の探求が必要である。現行法（借地借家法二八条）は、借家人は弱者だという前提で、家主の横暴からその保護を図る目的で、家主の側の更新拒絶の自由を制限している。

もともと一九三九年地代家賃統制令が施行されると、家主が、その適用を免れて不法に家賃を釣り上げようと、更新を拒絶し、あるいは、解約を申し入れる事例が頻発した。借主は、立退き要求をおそれて、違法な家賃値上げにも応じざるをえず、家賃統制令の実効性が失われた。そこで、一九四一年に導入されたのが、更新拒絶の正当事由制度である。このような戦時中の経済規制立法全盛時代においては、家主の更新拒絶の自由を制限するにたるだけの根拠事実が存在した。

しかし、統制経済もとっくに終了し、住宅もすでに量的には充足されている今日、借家人は弱く、家主は横暴だと、一般的にいえるであろうか。

むしろ、今日では、家主も、家賃を適正に収受できなければ経営が成り立たないので、弱者になる。特に、たくさん部屋がある借家が老朽化した場合に、大部分の人は退去してしまって、家賃がほとんど入らないのに、一部の借家人が借家権を主張して頑張り、建替えができなくなることがある。そして、昔からの借家の家賃は新規の家賃と比べて安いことから、その借家人に出てもらうためには、正常賃料と現実の賃料との差額（借り得部分）を資本還元したものとか地価の三割などを借家権価格として補償することが必要になっている。これでは借家人は安く借りれば借りるほど、立退きの時に長年の家賃以上のものを取り戻すことができ、家主は何のために貸したのか、わからないという結果になる。

いったん貸せば、子どもの結婚とか予想外に早い転勤解消、老朽化などの場合にも、なかなか返してもらえず、訴訟のコストを考え、貰った家賃以上の立退料を払う羽目になるケースもある。

三　市場経済でも、借家人は保護できる

借家人の方も、転居を迫られて、住む場所もなくなるか、更新のときに市場家賃をこえた不当に高い家賃をとられるといったことがあれば、弱者といえよう。法務省論点はこれを「危惧」している。しかし、この点で、定期借家の提案は、新規のものにのみ適用するので

あって、既存のものには適用されないことに注意したい。

古い借家人の中には、相場よりも安く借りている者が少なくない。もし定期借家の制度を既存の借家に適用し、更新を拒絶すれば、彼らの支払い能力では、同じような借家をその近辺で借りることができないことがおきる。その者が遠くても家賃の安い住居に転居できるならまだしも、朝五時とか夜の一時に仕事をしている者は失業者かホームレスになりかねない。その救済は本来国家の仕事であるが、今直ちに家賃補助制度を導入するとか、大量の公営住宅を用意するべきかについては、意見が分かれよう。定期借家権の制度を既存の借家に適用しようとするなら、この問題解決の見通しを持つことが必要である。

なお、一九九七年に成立した密集市街地における防災街区の整備の促進に関する法律は、木造密集住宅街を改善しようとするが、この問題については公営住宅の増加によって対応することにした。

しかし、新規の借家についてだけ適用するかぎりは、これから借家契約をして、数年経って期限が来て転居を求められても、その間には長年借りていたということによる借り得部分はほとんど発生しないから、従来支払った家賃を支払うかぎりは、現在の借家状況からみれば、近隣で借家を見つけることができるはずである。居住の継続の利益が守れるかどうかが論点とされるが、同じ住宅に住む必要はないのであって、同一の学校区などに住めば、子どもの学校、勤務先、友人関係などはすべて維持できるはずである。

継続的な法律関係は保護すべきだという反論もあるが、それは突然の破棄は違法であるといった程度のものである。一度契りを結んだら、お墓まで別れられないに近い考えは、婚姻法ならともかく財産法ではいきすぎである。

更新されないときは、借家人は転居費用がかかる分不利であり、家主はそれにつけ込んで不当に家賃を値上げするのではないかという疑問もあるが、普通の家主は経済的合理的に行動するであろうから、借家人が、市場家賃で新規に入居する者と比べて同じ条件かいくらかよい条件を出せば、普通はそのまま入居を継続できるはずである。あるいは、権利金などを余分に払って、次回の更新請求権（再契約請求権）をあらかじめ確保しておく契約もありうるのである。家賃が相場で決まっているかぎりは、家賃が上がろうと、不当とか恣意的とか悪徳とは言えない。地代家賃統制令の時代とは違うのである。

法務省論点は、この定期借家権を導入すると、家主は、長期間を希望する借家人に対してみんな短期間の契約しか提示せず、従来型の借家制度は絶滅すると危惧しているが、「危惧」という言い方自体が、すでに定期借家権に問題があるとバイアスがかかっている証拠である。明渡しに正当事由を要する借家契約であれば、家主の方は長期間貸さなければならないリスクがあるから家賃（権利金・保証金を含む）が高くなる（もっとも、空き家が多いときは、逆にそれでも家賃は高くならない）。これに対して、定期借家なら、家主の方としては、期限が来たら返してもらえるから安心で、家賃を少し安くするだろう。これは借家人の選択の問題である。従来型の借家契約も、借主がそれにふさわしい家賃を払うかぎりは、供給もあるはずで、借主の選択の余地がなくなるわけではない。定期借家と同じ家賃で長期間居座ることが認められなくなるという危惧であれば、それは市場経済を無視した議論である。

法務省は、約千万世帯が民間の賃貸住宅に居住し、約八〇万が高齢者世帯、約二〇万が母子世帯であるという状況に照らし、弱者保護の必要が起きるという論点を示しているが、高齢者であれ母子世帯であれ、新規家賃を払って入居した者に関するかぎり、次の更新（再契約）の時にもそれなりの家賃が払えるはずである。

払えないとすれば、それは、その間に失業したり、経営不振に陥ったりした場合などであろうが、そうした者は現行制度の下でも明渡しを求められるのであって、定期借家固有の問題ではない。長年の間には、家賃は上がるのに所得が増えないから、いずれ退去せざるをえないという反論もあろうが、既存借家から正当事由制度による保護を突然奪ってしまうのとは違って、一挙に起きることではないから、だんだん安い方や公営住宅へ転居するなど、対応できるはずである。

また、将来低所得者になる者にも、一生同じ借家に安く住めるようにという現行制度のもとでは、家主は将来の家賃確保の不安から、当初に高額な保証金を取ったりする。貧乏だと見られやすい高齢者や母子家庭はそもそも借家の門前で断られることになりやすい。家主に犠牲を強いて貧者を保護しようとする現行法は、市場を歪め、弱者をかえって保護できないのが実態である。

このように、定期借家権の導入によって発生する住宅弱者を公営住宅で救済するかどうかという論点は的外れである。

法務省論点では、正当事由を全面的に廃止すると「弊害」があるとして、定期借家を導入するとしても、一定期限以上とするか、営業用だけにするか、高額所得者だけにするか、一定の広さ以上のものにするか、地域を限るか、特別の借家だけにするかなどの妥協案的な論点が示されている。これは誤解に由来するのであろうが、それは、定期借家を一般的に認めるのは望ましくなく、ただ内容を限定したらどうかという方向へと議論を誘導しようという、論点のすり替えと非難されてもやむをえない。

四　新規入居者、短期入居者の保護の必要

法制度の設計にあたっては、社会の多面的な利害を適切に調整しなければならない。民法学者や法曹は、一般に既存の借家人と家主との間の個別の紛争の相対的な解決しか眼中にない。あえて言わせてもらえば、彼らは、制度が社会全体にもたらす影響について考慮することは少ないという視野狭窄症に陥っている。

借家法とその運用は、既存の借家人に、居住権と、市場よりも安い継続賃料の保障をしているが、反面、新たに借家を求めようとする者は、家賃が下がっているときを除き、既存の借家人よりも割高な家賃を払わなければ、実際上入居できない。また、家主としては、いったん、入居を認めれば、長期間居座られる覚悟が必要なので、権利金、敷金をたくさん取る

（関西では保証金は従来一〇ヶ月分が相場で、退去時の敷金の差し引き分も半分くらいある。ただし、更新料なし）。これは短期で退去する予定の者にはきわめて不利である。

商売の場合も、既存の店子は家賃が安いので、繁盛しなくても、新規の業者と競争できる。これは、効率の悪い業者を残し、新規産業の芽を摘む。

老朽化した借家を建て替えようにも、これまでの借家人が高い立退料を要求するので、建替えによる借家の供給が遅れ、かえって、多数の新規の借家人層に不利である。震災でたくさんの人が亡くなった原因の一つは老朽借家の建替えが進まなかったためで、その大きな理由は借家人保護法制にある。借家人を保護したつもりが、犠牲に供したのである。

これまでの老朽化した借家を建て替えても、新しい借家を造るとはかぎらず、ビルになってしまうのではないかという論点も提示されている。しかし、それは、老朽化した建物を建て替えるのは借家法のために極めて難しいと、こりごりした家主の行動であることを理解しなければならない。それは正当事由制度を廃止すべきだという論拠にはなっても、残せという論拠にはならないのである。

短期の期限を禁止すべきかという論点が示されているが、半年でも三ヶ月でもいいから安く借りる自由を制限してはならない。家主も顧客を確保する必要があるから、必要がなければ、そんなに短期の契約を強制はしないであろう。

既存の借家人の保護を減らして、既存借家人の家賃を市場賃料まで上げ、また古い建物をスムーズに建て替えることができるようにすれば、借家の供給はある程度増え、少なくとも短期の契約の家賃や保証金は下がる。新規に借家を借りようとする者の選択肢も広がり、有利になる。これこそ、公平の観念に合致する。

五　借家権補償は家主の財産権侵害で違憲

家主が裁判で家賃の増額を求めても、既存の借家の家賃が新規の市場家賃よりも安く設定されるのは、地価の上昇分などを、家主だけではなく、借家人にも配分するという鑑定理論による。それは両当事者の利害を適切に調整したなどと見られてきた。そして、その安くなっている借り得分は立退料の根拠になる。

しかし、建物を貸せば、土地代の一部を払わなければ建物を返して貰えないというのは、一体なぜなのか。借家人は土地について権利はなく、地価の上昇に貢献したものではないから、土地の開発利益を借家人と家主との間で分けようというこの発想は、家主の財産権を合理的な根拠なく一方的に奪う違憲の代物である。地主の儲けは譲渡所得税や土地課税で取るのが筋である。

また、長年の借家人には家賃を割り引かなければならないというのも不思議な論理である。米屋や酒屋に、長年取引をしてきたからまけろという権利がないことからも明らかで、これまた家主の財産権を侵害して、違憲である。

六　法の明確性の要請と紛争コストの最小限化

法制度の設計にさいしては、国民が不測の不利益を受けないように、また、紛争解決のコスト（これは時間と費用を含む）を最小限にするように、法の明確性の要請が不可欠である。

現行法では、正当事由という、極めて不明確で裁判官の恣意的な裁量に委ねるような基準がおかれている。そのため、裁判に持ち込んでも、解決は長引く。家主の方では、そのコストを考えると、よほどのことでないと明渡訴訟を起こさないし、起こしても、とにかく縁を切りたいとして高額の立退料（最高は家賃の一五〇〇年分という）を払わざるをえない。このような高額の立退料は、法律の不明確性によって生ずる所得移転である。それは、裁判所の仕事を増やし、弁護士を儲けさせるものであるが、社会全体からみれば何の富も生産しない。家賃の値上げも、訴訟のコストをかけてまで請求するのは割が合わない。

定期借家権なら、借家人は約定した期限が来れば自動的に居住する権利を失うから、基準は極めて明確であって、借家人側が、それでもたまに居座ることがあっても、明渡訴訟を起こせば直ちに明渡判決が出るはずである。家賃も、更新（再契約）のさいに改定できるから、紛争のコストが最小になるのである。

七　最後に

以上のように、定期借家権は、新規のものにのみ適用するかぎり、既存の借家人の不当な既得権がこれからは発生しないように予防するだけで、関係者の利害を公平に処理し、借家の供給を促す、「百利あって一害なし」のしくみである。

法務省論点は外国法を紹介しているが、本来なら、条文、法律のしくみをきちんと示したうえ、先ほどから述べた問題点をふまえて、各国の制度が合理的かどうかを検討すべきである。

しかし、法務省の論点の設定と議論の仕方は、解釈論の延長線上で考え、市場経済を規制する立法に当たっての考え方の筋道をまったく知らないもので、意見照会結果をいくら集めても、定期借家が弱者を犠牲にするというバイアスのもとに一方的に世論を誘導するだけである。こうした立法政策学は、民事法の解釈論の訓練を受けているだけの民事法学者と法務官僚には荷が重すぎる。定期借家権の議論は、法務省から場を移して行なうべきである。

第二章　定期借家権の法制度設計

一　はじめに

定期借家とは、期限が来たら、正当事由の有無を問題とせずに、機械的に借家権が消滅する借家契約である。これを既存の借家契約にも適用するという立法論もありうるし、実際に、アメリカのマサチューセッツ州では、ボストン市などについて、一九九四年にそのような立法が行われた。しかし、われわれは、そうしたドラスチックな改正ではなく、あらたなオプションとして、定期借家を提案する。すなわち、従来の借地借家法（以下、借家法と略す）に基づいて締結された解約制限付きの借家契約は、更新のさいもそのままに、これから締結される契約について、従来型と新規の定期借家の選択制度を提案するのである。これにより、弱者にいっさい不利益を及ぼさず、かつ、漸進的に社会を正常化することを狙っている。本章は、こうした法制度設計の思想を説明する。

まず、立法論では解釈論とは異なる多面的な考慮が必要であることを説明し、次に、この視点から、政策の目的と手法を吟味して、合理的な制度を設計する順序になる。

二　立法論における留意点

1　社会の多面的な利害の考慮

解釈論は法規の存在を所与の事実として、紛争当事者間の利害調整を図るだけである。社会的な影響は軽視される。

立法論は現行法規の妥当性を疑うことから始まる。紛争の当事者以外に、紛争に登場しない多様な人々の利害を多面的に調整するシステムを工夫すべきである。

法学者も法曹も一般に法の解釈を任務としており、対立する私的当事者間の紛争を調整するために、存在する法律の意味を探求し、先例等との整合性を考え、あまりにもひどい場合には先例を変更するといったことを常日頃生業としている。現存の制度に問題があるときに、新しい思考を生み出すような教育・訓練はほとんど受けていない。

借家法についていえば、民法学者や法曹は、一般に既存の借家人と家主との間の個別の紛争を、正義とか公平を旨として、相対的に解決することを任務としている。「正当事由」は『適格』の再設計を通じて、諸正義と諸政策を市場を介して実現するための工夫」(森田一九九八)だというわけである。そして、そこで行われているのは、既存の借家人にそれなりの分配をするということである。

しかし、そもそもその分配が適正かも問題である上(これは次の4で述べる)、そのようなしくみが、社会全体にどのような影響をもたらすかということを考慮する訓練は受けていないし、日頃考慮している人も少ないであろう。借家法ではいったん入居した借家人は期限が来ても正当な理由がないかぎり、退去しなくてもよいとされ、しかもその家賃も前から借りている関係で、(家賃上昇時も)実際上それほど上げにくい(継続家賃抑制主義)ということになっている(福井一九九五、一九九八)ので、もっぱら既存の借家人が保護されるわけである。

一方、これから新たに借家を求めようとする者は、家賃上昇時は、既存の借家人よりも割高な家賃を払わなければ同様の住宅に実際上入居できない。短期間で転居する予定で、更新などの必要がなくても、更新を前提とした権利金を取られる。家主側としても既存の借家人に安く提供していれば、新規の借家人から割高な賃料を取らないと経営は成り立たないし、借家人が長年居座って家賃を上げられず、特に建替えもしにくいということになれば、借家経営はこりごりということになって、新たな借家を建設する意欲はなかなかわかない。アメリカでは家賃を統制すると、家主が修繕などをしなくなって、建物が早期に老朽化して（故意に放火までしてしているという噂もあって）、かえって借家人のためにならないことがしばしば指摘されている（西村一九九八、ミラー・ベンジャミン・ノース一九九五）。

さらに、建替えのための明渡しも正当事由がないとされているため、阪神・淡路大震災で経験したように、老朽家屋の建替えが進まず、多数の人が倒壊した建物の下敷きで死亡した（阿部泰隆一九九五）。弱者を保護するはずの借家法が弱者を殺したに等しいのである。既存借家人の短期的な希望しか見ずに、まちの改造を放置した借家法の罪は重い。老朽住宅を放置した神戸市の責任だといった批判があったが、神戸市の責任の枠をこえている。

法務省の研究会の「論点」（一九九七年六月）の中に、これまでの老朽化した借家を建て替えても、新しい借家を造るとはかぎらず、ビルになってしまうのではないかという意見もある。

しかし、それは借家法のために、老朽化した建物を建て替えるのは極めて難しいと、こりごりした家主の行動であることを理解しなければならない。それは借家法を廃止すべきだという論拠にはなっても、残せという論拠にはならない。既存の借家人の保護を減らして家賃を正常賃料まで上げ、また古い建物をスムーズに建て替えることができるようにすれば、借家の供給はある程度増える。よって、新規に借家を借りようとする者（これまでの借家よりもよい借家を求める者）にとっては、選択肢も広がることになる。これは社会全体を豊かにする。

現実の政治過程では、既存の借家人は圧力団体になって、反対声明を出したりするが、これから家を貸し借りしようと思う者は団結できないので、政治勢力にならない。しかし、サイレント・マジョリテイである彼らの声をすくいあげる提案が必要なのである。とにかく、既存の借家人と家主だけでなく、新規に家を求めるものを含めて、家主の行動原理を考えて、総合的にみて合理的なしくみを考える必要がある。

2　官僚立法にはバイアス

日本の官僚は存在するものが善であると考える。法改正の動きは官僚からはなかなかでない。官僚組織の利益に適うか、外圧などがかかって、どうしても持ちこたえられなくなって初めて、官僚からも法改正の提案が出てくる。しかし、それでも、行政の過去の方針との整合性とか、行政のミスの隠蔽は大きな考慮要素となっている。

その観点からすると、法務省が、法制度の設計に、たとえ民事法であれ、主導権をとることには極めて疑問があると思っている。

これに対し、法務省民事局の検事は、もともと裁判官であり、また、裁判所に戻るのであるから公正無私であり、発生すべき紛争を余すところなく想定して、これに対応する法規を立案することについては最高の適正を有しているという指摘がある（鈴木禄彌一九九八）。たしかに、裁判官は一見中立である。しかし、やはり官僚であるため、以上のような官僚のバイアスからは逃れられない。しかも、裁判官は、解釈論の訓練しか受けておらず、下級審の判事であるため、これまでの判例に忠実になりやすく、これまでの判例を「破壊」する立法論を行う適格者ではない。また、法曹実務家は、ルールをきちんと作るのは難しいし、ケースバイケースで処理する方がよいと思いこんでいる者が結構多く、後述のような司法裁量の極小化という視点はおそらく少ない。もちろん、これは個人差のあることではある。

しかも、借家法の改正は、経済学的な分析を要するのに、裁判官にはそのような訓練もないから、法務省が法律家だけでこれを担当するには無理がある（久米一九九七、八田ほか一九九七）。

他方、学者立法でも、市民立法でも（阿部泰隆一九九七fで批判）、議員立法でも、いちいち指摘するまでもなく、それなりに制約があることも明らかであろう。したがって、筆者は、学者は立派だとか、官僚立法をやめさせれば、万歳だとは思わない。いずれにせよ、立法作業を、一部の、しかも、情報非公開でバイアスのかかった集団にまかせてはならないということである。われわれの提案する定期借家権は、広く議論を巻き起こし、多数の論文を用意して、本当の姿をさらけ出しているので、模範的だと思う。

3　憲法的視点

(1)　対価関係に立つ契約

(ア)　立法は憲法のもとにおける政策の選択であるから、憲法の枠を遵守するのはもちろん、その枠の中でも、より憲法整合的なしくみを工夫すべきである。

借家法は民事法であるとはいえ、法律によって契約関係をコントロールするからには、まず、財産権の保障、契約の自由、すなわち、対価関係に立つ契約の保障という、憲法上の大枠なり制約を知らなければならない。民法上も基本的には契約自由の原則が支配し、それにより、あまりにも一方的な不利益が生ずるような場合には、民事法あるいは行政法（消費者保護法）によってこれを規制するというのが順序であるから、貸主の権利を一方的に制約し、借家人を一方的に保護する法制度を制定する場合には、それがどこまで許されるかを憲法に照らして考えなければならない。

定期借家権の導入に反対する内田勝一（一九九七a）も、「市場における取引秩序を保障する民法にとって、住宅市場における需給関係によって住宅問題の解決を図るのが本則であり、民間貸家供給の拡大及び民間借家以外の住宅需要を喚起しそれを充足すべきであった。存続保護と市場外在的な地代家賃統制との一体性による賃貸人の家賃取得の制限及び明渡し請求の制限を中心とした借地借家法制度は極度の住宅困窮の時期において正当化される一時的緊急の立法であり、諸外国と同様に住宅市場の回復に伴って転換されるべきものであった」（一九九七b、六頁）、「借地借家法においても基本的には私的自治の原則及び契約自由の原則が貫徹すべきである」（同二五頁）と、ここでは全く正当な認識を述べている。

定期借家権批判論者も、この観点から理論を再構築することが期待されるのである。

(イ)　しかし、民法学者の多くは、経済学に配慮するどころか、法律学の枠内にある憲法論もしない。たこつぼ文化もいいところである。

借家法を専門とする一部の民法学者は、対価関係に立つべきだという契約法の基本を無視して、対価を払わずに権利が発生する、権利をただで買えるなどと考えている。たとえば、賃借権の物権化なども、将来に向かってならわかるが、過去に親切に安い権利金で貸したのに、物権化されては、対価を得ずして権利を奪われたことになる。更新の時期が来たのに、立退料を取られるケースが多い（福井一九九五、一九九八）。これでは、借家人は、借りている期間その利益に見合った対価を払っていないことになる。いったん適法に締結された契約について、国家が事後的に介入して、一方当事者に予測外の負担を負わせるのは、少なくとも平時においては、契約上の財産権を奪う、違憲の遡及立法である。

継続的利用関係からは更新請求権が発生するという議論（内田貴一九九六）でも、更新できない権利として安い対価で売ったのに、更新できる権利として高い値打ちがただでついてしまうのではかなわない。一年ものの定期として安い金利で預かって、五年更新したところ、五年ものの金利をつけろといわれるようなものである。継続的な法律関係を保護する根拠は信頼保護であろう。期間が不当に短期間なら、当事者の合理的な意思解釈として、本当に更新しないつもりではなかったと考えてよい。しかし、合理的な期間を設定したら、期限が来たら返してもらえるという信頼の方が保護に値するのであって、期限が来ても更新してくれるかもしれないなどという期待は保護に値しないのである。つまりは、更新請求権を否定する方が信頼保護に合致するのである。なお、これは借家の場合であるが、借地なら、建物が存続するかぎりは更新してもらえるという期待を保護することは当事者の合理的な意思に合致するとも言えよう。

もっとも、正当事由が導入された一九四一年当時のように、更新拒否の濫用が目立つ場合には、立法的に、事後的にも更新請求権を導入することは契約関係に対する合理的な規制とも見られるが、それでも、正当事由に白紙委任するのではなく、合理的な規制である必要があるし、地代、家賃は適正に収受できるようになっていなければならない。他方、更新請求権を否定することは立法によれば当然に合憲的になしうることであって、現行法でも、期限付き借家として存在している。継続的利用関係から更新請求権が発生するなどという議論は、明文の規定がない場合の解釈論としてはありえても、立法を阻止するほどの法理ではない。われわれの提案する定期借家権は立法提案であるから、内田説の信頼保護理論で妨げられるものではない。それで不満なら、更新（再契約）請求権付きの契約を結べばよい。

借家権が、更新されて一生同じところに住めるというのが世界の常識だなどという意見もある（澤野一九九六）が、それは世界の非常識である。少なくとも、英米では定期借家が普通である（阿部泰隆・島田明夫・八田達夫・福井秀夫一九九八、福井一九九七b）。一度借りたら一生動きたくないというなら、有料老人ホームのように高い入居金を払ってもらわなければならないのである。

定期借家では、期限が来たら、弱い借家人は追いだされるなどといわれるが、借家人は、その家主に対して市場家賃を払い新規に入居する者と比べて同じ条件かいくらかよい条件を出せば普通はそのまま入居を継続できるはずである。家主の方がたまに意地悪をして高額の更新料を払わなければ出ろということがあるかもしれないが、それでも、家主としては、経済的合理的に考えるかぎりは、新規に入居する者との兼ね合いで考えるわけである。新規にもっと高い家賃で契約する者がいるかぎりは従来の借家人との契約を更新しないであろうが、それは借家人間の競争によるのであって、家主が悪徳なためではない。

借家人は更新のときに交渉力が弱いので、そうしたことのないようにしてほしいというなら、従来型の解約制限付きの契約を結べばよい。しかし、それは定期借家よりも高いであろうが、権利性がそれだけ強いのであるから、やむをえない。

(ウ)　これに対し、民法二〇六条に基づき家主の財産権を制限できるなどという議論もある（野村豊弘一九九七、一一頁）。しかし、財産権の制限は、憲法二九条の示すように、公共のために許されるのである。借家人のために財産権を制限して、期限が来たのに立退料を払わせたり、家賃を軽減させたりするのは、個人から個人への所得の移転にすぎず、公共のためではない。借地借家法では、家主はひさしを貸せば、予測に反して母屋を取られる。こんなことは平時の契約法ではあってはならないことである。

もっとも、借地契約の更新拒絶に正当事由が必要とする制度は憲法二九条に違反しないとする判例（最大判昭和三七・六・六民集一六巻七号一二六五頁）はある。これは、「所有権も公共の福祉に遵うものとしていることにかんがみれば、他人の土地を宅地として使用する必要のある者がなお圧倒的に多く、しかも宅地不足が甚だしい現状において、借地権者を保護するため」という理由で正当化されたものである。

ところで、宅地不足の社会問題が深刻な状況では、国家が地主から土地を収用しても、借地人に貸すことが許されると考えられる。住宅難の解決は公共の福祉に適うのである。そうとすれば、借地法による地主の財産権の制限（更新拒否の禁止）はこのプロセスを省略したものとして、正当化できるであろう。

しかし、それでも、それは極度の住宅難の時代に限るべきであり、また、地主は土地を貸し続けなければならないという義務を負うにしても、正当な対価を収受する権利は保障されるべきである。さもないと、補償なき収用になってしまうからである。正当な対価なき収用が正当化されたのは農地買収だけであって、少なくとも平時では、収用には正当な補償、つまりは時価補償が必要なのである。

借家法の場合も、正当事由の運用がいきすぎて、借家人が正当な対価を払わなくとも、住み続けたり、立退料をえられることがある。それは借家人保護という公共目的では正当化できない補償なき収用であって、違憲というべきである。そんなことが許されるなら、米屋や魚屋にも、貧乏人には安く売れと命令できるはずであるが、まさかである。

(エ)　ちなみに、阪神・淡路大震災の後、罹災都市借地借家臨時処理法が適用された。この法律では、借家が壊れて借家人が移転する場合でも、そこに新たに建物が建設された場合には、前の借家人がそれを優先的に借りることができ、そこに建物が建たなければ、前の借家人はそこに借地権の設定を求めることができるとして、借家人を保護している。これは終戦直後、借家人が焼け跡に先に勝手にバラックを建ててしまったので、それを正当化するための立法であった。今日では、借家人は仮設住宅などに移っているので、そこのアパートの敷地に借地権を設定してもらって建てるということは滅多にない。それにもかかわらずこのような立法が行われているので、家主がそこに建物を建てると、前の借家人が入居を希望しながら、正常賃料は払えませんと頑張るというおそれがある。もちろん家主としては、正常賃料を払ってもらわなければ断ることはできるのであるが、実際上トラブルが起きる。そうすると、家主としてはそのような借家人と縁を切らなければ、次のアパートの採算もとれないし、ましてその土地を買う人にとってはそのような土地は傷物だということで、土地はなかなか売れない。そこで、元アパートの経営者は、元借家人に対して、多額の立退料を払うということになる。アパートが震災で朽廃した場合には、賃貸借契約の目的物が、消滅したのであるから、もはや立退料を払う法律上の理由はないのであるが、この罹災都市借地借家臨時処理法のために、立退料を払わなければならないのである。

これについて、一部の民事法学者や弁護士は、震災で住むところがなくなった借家人にそれなりの立退料を払うのであるから良い法律ではないかなどと言っている（西原一九九六、藤原一九九五）。家主の方は、アパートを取り壊して高度利用することができるので、それで得られる開発利益の一部を借家人に払うということで、両当事者の利害は衡平に調整できるのだというわけである。

しかしながら、もともと借家が震災で壊れた場合には、家主としてもそれなりの損失を被っているのであるから、その上に借家人に立退料を払う余裕もないし、仮に家主が震災の機会にアパートを取り壊して高度利用することができるようになったからといって、それは家主の土地所有権に基づく利益であって、借家人に渡す理由はないのである。地価上昇の利益を借家人にも分けようという考えは、家主の財産権を一方的に奪う違憲の法律であると考える（阿部泰隆一九九七d、一九九八）。開発利益は国家が吸収すべきものであって、家主と借家人の間で山分けする筋ではない。

しかし、これはおかしいという発想が、法務省の論点にはおよそ出てこないのである。また、この法律は、政令で指定して初めて適用される。震災直後これを適用することにしたのは、これまでの民事法学の発想になれた法務官僚と政治家であった。筆者は一九九五年二月九日の衆議院予算委員会公述人として最初から反対したが、受け入れられなかったのは残念である。

⑵　選択の自由の拡大

国民の希望は多様である。国家がこれをどれかの型に押し込めてはならない。民事法でも、最近は夫婦同姓と別姓の選択が提案されている。同姓論者が別姓を強制されるのではなく、別姓を名乗りたい者はどうぞご自由にというだけである。これにも、家族が崩壊するとか、大げさな反対があるが、他人に迷惑をかけず、社会秩序を維持できれば、選択の自由を拡大することが望ましい。

筆者は、法律家できわめて初期に、「嫌煙権」を提唱した（阿部泰隆一九八〇年）。これを禁煙権などと、たばこを吸うなという権利として誤解し、喫煙者の権利を奪うなどと反論する向きもあった。しかし、嫌煙権は、たばこを吸うのは勝手だが、非喫煙者にたばこの煙（副流煙）を吸わせるなという主張であり、新幹線、会議、レストランなどでの分煙の主張である。分ければ、共存できるのであって、要するに、選択の自由の主張なのである。嫌煙権は長年苦労したが、最近は一般には承認されるようになったと思われる。

定期借家権の主張も、われわれの提案するものは、これからも、従来の解約制限付きの借家契約と併存するものであり、両当事者が自由に選択できるものである。従来型が望ましいと思う者はそれを選択すればよいのであって、定期借家に反対する理由はない。

これに対して、従来型の契約も、更新時に定期借家に切替えられてしまうとか、家主が定期借家しか提供しないなどという反対がある。

しかし、借家人はみんな契約更新を望んでいるわけではなく、よりよい住宅を求めて転居しようと思っている者も多いのである。一生同じ借家に住みたいなどという者がはたしてどれだけいるのか。一生同じところに住んでいる者も、結果としてそうなっただけである。それなのに、みんなに解約制限付きの借家しか提供しない現行法は、選択の自由を奪っているのである。そして、定期借家の方が権利性が弱い分安く提供されると考えられるので、いずれ転居を考え、定期借家を望む者も多いはずである（イギリスでは実際そうである）が、現行法は借家人に高い商品しか提供していないのである。丁度、金を借りるときに、短期間で返すといっても、一年契約しかないとして、高い金利を取られるようなものである。これは短期借家人の利益を侵害している。同時に、転居すると損だと、転居の自由を事実上制約している。

さらには、どうせ次は更新しないで出るというつもりの場合には、更新時に定期借家に切り替えることが借家人にとっても有利である。したがって、借家人の真意に基づく定期借家契約を禁止する理由はない。ただ、だまされないようにする必要はある。

家主が定期借家しか提供しないとすれば、それは従来型が割が合わないからで、借家人は、家主が割りが合うと思う額を支払うべきなのである。その額は市場が決めることであって、国家が心配する筋ではない。もし、従来型借家契約であれば一生住めるし、家賃もあまり値上げされないということであれば、初期の家賃と権利金はかなり高くなるかもしれないが、それは有料老人ホームに準ずるものと思えばやむをえない。借家人がそれに応ずれば、従来型も提供されるであろう。定期借家と同じ条件では従来型は提供されないが、これは、時価より安く売れといっても誰も売ってくれないことと同じである。定期借家権を導入すると、それしか提供されないのではないかなどと、「危惧」するのが間違いである。

逆に、家主として、従来型なら借家人を安定的に確保できそうだと思えば、特に家賃低落時には、かえって安くするかもしれない。ただ、普通の契約では、借家人から解約するのは自由とする特約が付いているから、従来型でも安くすることはないであろうが、借家人の方からの解約を一定期間禁止すれば（民法六一八条）、安くなるであろう。

(3) 経過措置、遡及立法

(ア) 立法に当たって非常に重要なファクターとして、新規のものにのみ適用するか、既存の継続中のものにも適用するかという論点がある。このような問題は、普通の法律では最後の附則や経過措置に書いてあるので、重要なことではないと思いがちであり、立法の提言をする各種の審議会でもここまでは立ち入らないのが普通であるが、それは実際上はきわめて重要である。このような点に特に着目してまとまった整理をしたものが拙著『行政の法システム（下）』第四編第五章「遡及立法・駆け込み対策」である。

(イ) この定期借家権の提案は、既存のものには適用せずに、新規のものについてだけ適用することにしている。しかし、法務省の論点をみると、この違いがよくわかっていない。

既存のものに適用する場合には、すでに長年借りたために低くなった家賃のおかげで利益を受けている者も転居せざるをえず、そうすると、同じ支払能力では、同じようなものをその近辺で借りることは難しい。そこで、その者は家賃の安い遠方に転居せざるをえない。その者が、仮に朝五時とか夜の一時に仕事をしているとすれば、非常にきついこととなる。そのような者すべてに公営住宅を用意するかという問題になると、そもそも公営住宅自体が、運のよい特定の者だけに末代まで低家賃で貸してあげるという極めて不公平な制度であるから、それをそのまま拡大すべきではない。また、それだけたくさん供給できるかどうかはわからない。しかし、ここでは新規のものについてだけ適用するのであるから、既存借家人は心配する必要はない。

定期借家を新規の借家についてだけ適用するかぎりは、新規の家賃を払えることが前提であるから、それから数年経って期限が来たときにも、従来支払ってきた家賃を支払うことは可能と考えられる。そうすれば、おそらく近隣には支払い可能な借家が残っているはずである。なにも同じ住宅に住まなくても、同一の学校区などに住めば、子どもの学校、勤務先、友人関係などは全て維持できるはずである。現在の借家状況からみれば、そのような範囲内にそれなりに借家は残っていると見られるし、定期借家の導入で借家が増えるので、より安心できる。したがって、公営住宅を増設する必要はない。

既存の借家契約を強制的に定期借家に切り替えさせるボストン流の改革の場合にだけ、これと完全に違って、従来の家賃ではまかなえないような高額な借家しか残っていないという問題が起きるのである。

そうすると、この法務省の論点においても、この違いをきちんと書いて、それにもかかわらず、正当事由を廃止することに問題があるかというかたちで議論を展開すべきである。

法務省の論点では、正当事由を全面的に廃止すると何か問題がありそうだから、一定期限以上とするか、営業用だけにするか、高額所得者だけにするか、一定の広さ以上のものにするか、地域を限るかなどの議論がなされているが、そもそも定期借家には何の問題もないのであるから、問題設定に誤りがある。

(ウ)　既存の契約に定期借家制度を遡及して適用する場合には、そのままでは紛争も多発するであろうし、憲法問題も生じうる。もともと正当事由制度のなかった時代に賃貸借契約が成立したものについては、元に戻しただけであるが、現行法になってから貸した建物については、更新を続けていけば、建物が朽廃するまで永久に借りれるし、場合によっては借家権価格がついて、立退料をもらえるとか、次の借家人を紹介すれば、借家権価格の回収ができるという前提で、高い権利金を払っている（一部ではこうした慣行があるようである）ことがありうる。このうち、立退料は、建前では家主が更新拒絶の正当事由を有しないときに補充的に支払われるものであるから、借家人にとって本来権利ではないが、もともと原則として更新請求権があるという前提で権利金を払っていたところ、法律を改正して、期限が来たとき更新請求権がないと決めれば、家主は更新請求権を無償で没収することになる。更新請求権のある場合とない場合とでは、権利金の額に差があると考えられ、家主がそれに相当するだけの家賃値下げをするとはかぎらないので、このような立法は、借主の権利を侵害し、これまた違憲となることがある。

一度、制度を作ってしまうと、それが違憲でも、それを前提に行動する者が出るために、正常な状態への法改正は至難である。これを是正するには、その払った権利金が償却できる通常の期間なり平均的な居住期間の間は定期借家に切り替えないという経過措置もありうる。

少なくとも、建替えのさいには、更新拒絶権を認めるだけでも、大改善である。判例の方も、立退料を認めるのは、借家人の払った費用をまかなえないような場合に限定し、家賃の増減請求権は、「近傍同種の借賃」(借地借家法三二条)という原則に戻って、継続賃料減額の運用を廃止すべきである。そうすれば、従来の借家法の不合理は大幅に減少するので、既存の契約を定期借家に切り替える必要性はそう大きくなく、改正法はこれからの契約にだけ適用すればさしあたり済むであろう。

(エ) 阪神・淡路大震災で被害の大きかった木造密集住宅街は全国で四七、三〇〇ヘクタールあるといわれる。その改善は緊急の課題である。政府は一九九七年に密集市街地における防災街区の整備促進法を施行して、既存のまちの改造に着手するが、平成九年度予算で国費八二億円、事業費一五九億円という規模であり、従来型の区画整理は、一ヘクタールあたり一〇億円くらいかかるとか聞くので、おそらくは百年河清を待つがごとしであろう。そこで、もう一つの方法としては、既存の借家にも定期借家を導入して、その建替えを推進する方法がある。しかし、これは既存借家人の居住の安定を脅かすので、その対策も必要であるし、土地の高度利用のための地上げだと、政治的な抵抗も強い。地震という、いつ来るかわからないリスクへの対応よりも、目前の生活が大事だというわけである。そこで、筆者は、妥協して、既存借家には定期借家権を導入しない提案をしているのである。何百年か、大震災が来ず、その間に密集住宅街の改善が進むことを祈るばかりなのである。

(オ)　なお、ドイツでは定期借家を導入して、紛争が生じたなどと報告され、定期借家権批判の根拠とされている（藤井一九九七）が、それは既存の契約にも適用したためである。われわれは、そのような紛争が生じないようにと、既存の契約には適用しない案を提示している。筆者は、この藤井論文のゲラの段階で修正を申し入れたが、拒否された。われわれの提案が間違った比較法研究のもとに批判されるのは、憤懣やるかたない。

4　経済学の効用

多面的な考慮においては、法的規制が人間の行動や市場経済にどのような影響を与えるか、できるだけ不合理な影響がないように仕組めるかも考察される。ここに経済学の役割がある。借家法が借家の供給を抑制していることについては多数の実証研究がある。福井―森本論争という有名な論争もある。法律家としては、その分析道具を有しない以上、経済学界で承認された論文の成果（岩田一九七六、一九九六、久米一九九七、一九九八、福井一九九五、一九九八、八田一九九六、福島一九九八、山崎一九九七、一九九八など）を尊重して議論する必要がある。

法律学者がよく唱えるいわゆる権利論とか弱者保護とかというだけでは、本当の弱者が保護されるかどうかはわからない。

前記のように、法律家は更新のとき継続的な利用請求権があるとか、前から借りていたから安くせよという権利があると考えやすいが、そんなことをいうから、なおさら借家供給が抑制され、ますますもって新しく借家を求める者にとっての借家は不足するのである。経済立法においては、規制によって家主を力ずくで押さえても、新規に供給せよとまでの圧力をかけることはできないから、たいした意味がないのである。戦争中のような緊急時に、対症療法で使うのであればともかく、平時なら、住宅の供給を促進する国力があるのであるから、むしろ家主に良質な借家をたくさん供給させるようなしくみを工夫することが大事である。

もっとも、この問題は、高級な経済学理論がわからなくても、家主も借家人も、少なくともその多くは経済的に合理的な行動を選択するという前提で、それで困った事態が発生するかどうかを考えれば、割と簡単に答えが出ると思われる。あなたは現行借家法のもとで家を

二　立法論における留意点

貸す気になりますか。私は定期借家を立法化してから貸そうと思っている。

5　立法論の目指すべきもの

(1)　判例変更を目指せ

立法に当たっては、憲法に違反しないかぎり最善のものを提案することが望まれる。実際には政治力学で妥協することはあっても、理論的には判例にも学説にも遠慮することはない。しかし、これまでの判例を整理するとか、判例の範囲内での立法提案が多い。これは、判例の範囲内という枠をはめればまとまりやすいということもあろうが、それだけではなく、政府の一委員会が最高裁の判例を無視してはならないといった理屈もあるようである。

しかし、立法であれば、最高裁の判例も変更できるのである。特に、終戦直後の住宅難という異常時代の判例は、時代の変化に応じて変更されるべきであるが、判例の先例変更努力が不足している現状（伊藤正己一九九三）では、特に立法的対応が期待されるのである。たとえば、最高裁が明渡しの正当事由に借家人の方の事情まで考慮してしまったため、貸主には、いつ返してもらえるのか予測可能性がなくなったし、立退料まで認めたため、なおさら貸主の負担が重くなった（福井一九九五、一九九八）。筆者はこれを違憲と評価している（阿部泰隆一九九七d）。借地借家法の改正のさいは、逆に、こうした判例を追認した（これが現行の借地借家法二八条）が、本来なら、こうした判例を無効とする法律を制定すべきであった。法制審議会も法案の原案作りを頼まれている以上、政府の一委員会であっても、判例変更の提案はできるし、それこそがその重要な役割だと考えるべきである。

なお、民法典の口語化作業（一九九六年に研究会報告書が法務省民事局長に提出）も、「刑法典におけると同様に、内容に全く触れることなく、ただ、条文の解釈等で判例・学説において異論のない若干の点のみを付け加えている」という（星野一九九八）が、学説判例を踏まえて、不合理な規定を改めることに精力を注いで欲しい。

⑵　法を明確に・司法裁量を極小に

法制度設計にさいしては、法の明確性の要請が不可欠である。国民は、各種の行動をするときに、不測の不利益を受けないよう、それなりにルールを事前に知っておく必要がある。家主が、借家経営という投資をする場合にも同様である。

また、家主と借家人との間に紛争が生じた場合にも、紛争の解決はできるだけ簡易迅速に行えるのが望ましい。そのために、紛争解決・防止のコスト（これは時間と費用を含むものであるが）をできるだけ少なくする制度が必要である（福井一九九七a）。筆者も法の明確性の要請を主張している（阿部泰隆一九九七e第四編第六章）。

現行法では、正当事由という極めて不明確で裁判官の恣意的な裁量に白紙委任する基準がおかれている。これは先例と比較しながらその内容を合理的に詰めていくべきものだということで、解釈法学者の任務ということにはなるが、このような不明確な法律のために裁判は長引き、解決はなかなかつかない。たとえば、正当事由を理由とする明渡訴訟では、借家人側の事情として借家人が貧乏だ、病気になった、長年借りていて、これまで問題を起こしたことはないなどと、いろんな事情を立証すると有利になる。そこで、裁判は相当長期化するので、家主の方では、そのコストを考えると、よほどのことでないと明渡訴訟を起こさないし、起こしてもとにかく縁を切りたいとして高額の立退料を払わざるをえない。

このような高額の立退料は、法律の不明確性によって生ずる不当な所得移転である。それは、裁判所の仕事を増やし、弁護士、さらには法解釈学者を儲けさせるものであるが、社会全体からみれば何の富も生産しない。そこで立法論としては、できるだけ明確なルールを作るように努力すべきである。正当事由制度は両当事者の利害を適切に調整する制度だなどという説は、こうした立法者に必要な視点に欠けるものである。

定期借家権なら、約定した期限が来れば自動的に居住権は消滅するから、基準は極めて明確であって、借家人側が、それでもたまに居座ることがあっても、明渡訴訟を起こせば直ちに明渡判決が出るはずであり、執行も容易である。ちょうどお金の貸し借りの時は、期限が来たら、正当事由の問題なく返せというのと似た問題である(阿部泰隆一九九八b)。

定期借家の方が紛争が増え、法律家の仕事が増えるという意見がある(稲本一九九七)。しかし、それは前提が間違っている。曖昧な契約を許せば、後で紛争になる。だから、定期借家は問題だというなら、定期借地はどうなのか。ここでは解釈論をしているのではなく、立法論をしているのであるから、紛争の起きない契約を作ればよいのである。われわれは、後述三のように、これを消費者保護の問題としてとらえて対応している。

(3) 改善で十分

定期借家の提案に対して、なんか問題があるのではないかと、疑問点がすべて解消されないと賛成できないという前提で議論する向きが多い。しかし、世の中に一〇〇点満点の制度はない。立法は社会の利害調整を行うものであるから、損する者もいれば得する者もいることは明らかである。問題はそれが正当化できるかで、そのさいには、妥当な判断基準が必要である。経済学では、これを効率性と分配の公平という基準でとらえている。

そして、制度の改革の場合には、既存の制度と提案されている制度を比較して、この基準でよくなっているかどうかを検討すべきである。提案されている制度にかりに若干の問題があって、八〇点だとして、二〇点たりないと、批判するのはおかしい。これまでの制度は三〇点かもしれないのである。これまでよりもよくなって、しかも、悪くなる点にそれなりの対応策があれば、改善と認めて賛成すべきである。

さらに、問題があるというとき、だから反対ではなく、では、改善策はないのかと考えるべきである。定期借家なら紛争が増えるとか、既存契約も定期借家に切り替えられるというなら、それはどのような状況でか、それを防ぐ立法的な手当てはできないのかと考えるのが法律家の任務であるはずである。これも後述三のようにわれわれは手当てしている。

既存借家も、すべて定期借家に切り替えさせるのであれば、既存借家人の地位の安定が損なわれるから、こうした比較衡量の上、既存借家人の損を補って余りある利益が得られるかどうかと、既存借家人の損失に適切な対応がなされているかで判断すべきである。

しかし、われわれの提案する提案する定期借家権は既存の契約を脅かさないし、新規の場合も選択肢を増やすだけでなので、従来型の借家契約と比較して、よくなるだけである。既存借家に適用する場合と比較すれば、改善度は不十分であるため、中途半端だという批判はありうる（長谷川一九九七）が、だから法改正の必要はないとは言えない。これは経済学でいうパレート最適に近い例であり、筆者は、「百利あって、一害なし」、「みんなが得する定期借家」（阿部泰隆一九九八b）と称している。

三　政策目的と手法の妥当性

1　法とは目的と手段の組み合わせ

法制度の設計においては、どのような目的を達成するのか、その目的をどのような手法を使って達成するのが合理的かを考えるべきである。そこで、目的と手法を点検すべきである。もちろん、その具体的なしくみは要件と効果という構成が採られる。

借家法は行政法ではなく民事法であるから、規制緩和の対象にはならないなどという主張が一部にあるが、形式が民事法であれ行政法であれ、契約の自由を制限するという点では規制立法には変わりはない。

規制立法を行うためには、まず最初に、貸主の契約の自由を制限するにたるだけの実質的な必要性があるかどうか、憲法学にいわゆる立法事実の有無の探求が必要である。

2　弱い借家人の保護？

もともと一九四一年、正当な理由がなければ家主は借家契約の更新を拒否することはできないという、いわゆる正当事由条項が導入されたのは、家賃が統制されていたため、期限が来たときに家主が借家人を追い出して、権利金を取ろうとしたためといわれている（三宅一九八九、八田一九九八）。

しかし、今日では、法律の建前では、家賃統制はない。市場家賃を払えば、借家人が追いだされる心配はまずない。ただ、現実には継続賃料抑制主義が働いている（福井一九九五、一九九八）から、家賃統制があると同じであるが、それは前述のように借地借家法三二条違反の運用であるから、廃止すべきである。そうすれば、解約制限を維持する立法事実はないのである。

さらに、借家人はみんな弱いかといえば、事業用借家人や資産家の借家人は弱くない。

家主も常に強いわけではなく、借家人に居座られて、家賃値上げどころか、家賃もなかなか払ってもらえず、近所に迷惑をかけられ、出てもらうにも、大変なコスト（弁護士費用約六〇万円、不動産鑑定料二〇―四〇万円など）がかかる。権利金も貰わなかったのに、立退料まで請求される。貧乏家主には大変な負担である。転勤で貸して、戻ってきても、半年分の家賃を無料にしないと返してもらえない慣行も、地域によってはあるようである。たくさん部屋がある家が老朽化した場合に、大部分の人は退去してしまったが、ごく少しだけの借家人が借家権を主張して頑張ることがある。家賃はほとんど入らず、かといって建替えもできないこととなり、出てもらうには立退料がいるというのでは、家主が弱者になる。借金して、借家を建てた場合、大震災後の神戸のように住宅が余って、空き家ばかり、破産しそうな家主もたくさんいる。

借家人が弱いとしても、弱いの意味が問題である。家賃の支払い能力がたりないという意味で弱ければ、住宅を提供するのは国家の役割で、家主の負担で解決すべきことではない。

コメでも野菜でも同じである。期限が来て、移転を強制されると、交渉上不利だという意味では（森田一九九七）、引越費用もそう高くないし、借家人の解約は制限されていない（民法六一八条の特約）し、生活環境を変えない範囲で新しい借家を探せばよいのであるから、それほど弱いわけではない。もともと定期借家は安いのであるから、交渉力が減ってもやむをえない。そして、期限で出なければならないのがいやなら、長期の契約をすればよいのである。長期の契約には金がかかるからと、短期の契約をして、しかし更新で長期の契約と同じくして欲しいというのは、権利をただで買えると思っていることで、虫が良すぎることは前述したとおりである。

3　改善策？

現行法の解約制限は、前述の立法の視点に照らせば、不適切である。既存借家人だけ保護して、あとはマイナスばかりである。借家権価格、立退料などは病理現象である。

これに対し、現在の正当事由が不合理なことは認めつつ、これをもっと合理的に書き換えようという考えがありうる（これは森田一九九七も認める）。しかし、これはなかなか難しい。鈴木禄彌（鈴木一九九六）によれば、用途、店舗併用住宅、零細営業などを考慮するようである。しかし、これは、それ自体が貧困借家人の住宅問題という社会保障を家主に行わせようという不合理な発想である。民法は私人たる両当事者間の利害調整を行うものであるが、そのさいに考慮されるべき事情は、契約が物の貸し借りである以上、もっとビジネスライクなものでなければならない。

借家人の所得を基準とする説もあろうが、借家人の所得次第で、なぜ家主の財産権が制限されるのか。借家人一代だけという借家契約の提案もあろうが、一生貸せということになり、これまた家主に負担を強制しすぎる。家主も、破産するリスクもある以上、それなりには儲けなければならず、貧乏人の保護義務を課される理由はない。

家主に貧乏人の保護義務を負わせるためには、借家経営を公企業と構成して、新規参入を規制し、適正利潤を保障する必要があるが、借家経営はそれほどの公企業であろうか。

家賃統制は緊急事態にかぎり、借家が不足して、家賃があがるときは、法律で家賃を規制したり、解約制限しても、借家が増えないので、かえってうまくいかない。その場合には、規制の緩和と借家への税の減免などによって借家の供給を促進する手法が適切である。

公営住宅がたりないからといった理由は、民間住宅が余っている今日成り立たない。

4　透明で対等な契約関係の創出

このように、正当事由を正当化しようと工夫しても、うまくいかない。そこで、「借りたものは返す、約束は守る」という民法の大原則に戻るべきである。したがって、今日では、借家法は、対等・平等で、対価関係に立つ透明な法律関係の形成を目的とすべきである。それが定期借家である。

これにより、市場で両当事者の意思に合致した契約期間、家賃を設定できるので、不透明な法制度から生ずる既得権や紛争が排除されて、市場原理にのっとった借家業の経営が可能になり、借家産業への参入のバリアの排除、つまりは、借家の供給が促進される。さらに、家賃、権利金は期間に見合ったものとなり、既存借家人と新規借家人の平等性が確保され、短期の借家人に有利な条件が創出される。

四　合理的な手法—消費者保護

このように契約自由の原則に戻れば、悪徳家主も出るかもしれない。うっかりだまされる借家人もいるかもしれない。自己責任を徹底するのは厳しすぎる。これについては、解約制限のような硬直的な手法ではなく、消費者保護の発想で、ルールを作るべきである。

定期借家であることが誰にでもわかるような契約書によることとする。だまされて定期借家に切り替えられないようにと、契約書には、「定期借家契約書」と明示し、期限が来たら、更新請求権はないことを大きい字で書くのがよいであろう。

期限が来たら、更新できないはずであるが、家主が口頭で更新できるようなことを言っていて、安心していたら更新できないといわれるような場合、紛争が増える。そこで、更新しない場合には、家主に六ヶ月前などに通知義務を課すことにする。

家主が賃貸を続ける場合には、従前の借家人に優先賃借権を認める特約も可能とする。

定期借家のしくみ及びその他の論点については、詳しくは、阿部泰隆（一九九八a、b）を参照されたい。簡単には本書第一部を参照してください。

［参考・引用文献］

阿部泰隆（一九八〇）「喫煙権・嫌煙権・タバコの規制（上・下）」ジュリスト七二四号四〇頁以下、七二五号一〇九頁以下。

阿部泰隆（一九九五）『大震災の法と政策』（日本評論社）。

阿部泰隆ほか（一九九七ａ）「［座談会］定期借家権論をめぐって」ジュリスト一一二四号四頁以下。

阿部泰隆（一九九七ｂ）「定期借家権を考える　上」日本経済新聞七月二八日付経済教室。

阿部泰隆（一九九七ｃ）「借家法改革は民事法の発想では無理」論争東洋経済九号一九四頁以下（本書第二部第一章）。

阿部泰隆（一九九七ｄ）「適正補償のための立法論と解釈論」小高剛編著『損失補償の理論と実際』（住宅新報社）六二頁以下。

阿部泰隆（一九九七ｅ）『行政の法システム（下）［新版］』（有斐閣）。

阿部泰隆（一九九七ｆ）「災害被災者の生活再建支援法案（上・下）」ジュリスト一一一九号、一一二一号。

阿部泰隆（一九九八ａ）「間違いだらけの定期借家批判論」阿部泰隆＝野村好弘＝福井秀夫編著『定期借家権』（信山社）。

阿部泰隆（一九九八ｂ）「定期借家権の意義──みんなが得する定期借家：弱者に優しい定期借家──」

阿部泰隆＝野村好弘＝福井秀夫編著『定期借家権』（信山社）。

阿部泰隆・島田明夫・八田達夫・福井秀夫「アメリカ・イギリスの定期借家権」阿部泰隆＝野村好弘＝福井秀夫編著『定期借家権』（信山社）。

伊藤正己（一九九三）『裁判官と学者の間』（有斐閣）四三頁以下、なお、本書には、阿部泰隆「同書書評」自治研究六九巻五号（一九九三年五月号）一二八頁以下がある。

稲本洋之助（一九九七）「朝日新聞対談」八月三〇日朝刊。

岩田規久男（一九七六）「借地借家法の経済学的分析」季刊現代経済二四号一二三頁以下。

岩田規久男（一九九六）「キャピタル・ゲイン取得期待は持ち家比率を高めるか—森本（一九九六）への反論」都市住宅学一四号六九頁以下。

岩田規久男（一九九七）「アンシャンレジーム法務省」論争東洋経済九号一八六頁以下。

内田勝一（一九九七ａ）「比較法的には『事実』の裏付けなし」論争東洋経済一一月号二二六頁以下。

内田勝一（一九九七ｂ）『現代借地借家法学の課題』（成文堂）。

内田貴（一九九六）「管見『定期借家権構想』」ＮＢＬ六〇六号六頁以下。

梅本吉彦（一九九八）「立退料についての一つの疑問」阿部泰隆＝野村好弘＝福井秀夫編著『定期借家権』（信山社）。

久米良昭（一九九七）「借地借家法の社会的費用」都市住宅学一八号九九頁以下。

久米良昭（一九九八）「借地借家法の供給抑制効果」阿部泰隆＝野村好弘＝福井秀夫編著『定期借

家権』（信山社）。

澤野順彦（一九九六）「『定期借家権』構想の問題点」NBL五八五号一一頁以下。

澤野順彦（一九九七）「定期借家権構想の課題」ジュリスト一一二四号四一頁以下。

鈴木禄彌（一九九六）「いわゆる『定期借家権構想』について（下）」NBL五八七号二六頁。

鈴木禄彌（一九九八）「定期借家権という立法論登場の背景」阿部泰隆＝野村好弘＝福井秀夫編著『定期借家権』（信山社）。

西原道雄（一九九六）同監修『罹災法の実務』（法律文化社）序。

西村清彦（一九九八）「家賃規制」阿部泰隆＝野村好弘＝福井秀夫編著『定期借家権』（信山社）。

野村豊弘発言（一九九七）「［座談会］定期借家権論をめぐって」ジュリスト一一二四号一一頁。

長谷川徳之輔（一九九七）「定期借家権の意義と必要性を問う」ジュリスト一一二四号四七頁以下。

福井秀夫　（一九九五）「借地借家の法と経済分析」八田達夫＝八代尚宏編『東京問題の経済学』（東京大学出版会）一九一頁以下。

福井秀夫（一九九七ａ）「排すべきは行政・司法の裁量」論争東洋経済三月号七〇頁以下。

福井秀夫（一九九七ｂ）「定期借家権、議員立法で　米英、完全に定着　住宅弱者、福祉政策で保護」日経一二月二日三二面経済教室。

福井秀夫（一九九八）「定期借家権の法と経済分析」阿部泰隆＝野村好弘＝福井秀夫編著『定期借家権』（信山社）。

藤井俊二（一九九七年）「定期借家権論について―ドイツの定期賃貸借との比較において」ジュリ

スト一一二四号八三頁以下。

藤原精吾（一九九五）「震災地における借地借家問題」法律時報六七巻九号三一頁。

星野英一（一九九八）「一九九八年と日本民法典」学士会月報Ⅰ（八一八号）一二三頁。

八田達夫（一九九六）「借地借家法の定住型住宅供給抑制効果」都市住宅学第一四号七八頁以下。

八田達夫（一九九七）「住宅市場と公共政策」岩田規久男＝八田達夫編『住宅の経済学』（日本経済新聞社）一頁以下。

八田達夫・山崎福寿・福井秀夫・久米良昭（一九九七）「『定期借家権』の実現を阻む法務省の越権」エコノミスト七月二九日号八〇頁以下。

福島隆司（一九九八ａ）「『定期借家権』批判論を批判する」論争東洋経済一月号二五四頁以下。

福島隆司（一九九八ｂ）「定期借家権批判論に正当性はあるか」阿部泰隆＝野村好弘＝福井秀夫編著『定期借家権』（信山社）。

法務省借地借家法研究会（一九九七年六月）「借地借家等に関する論点について」

三宅正男（一九六七）「更新拒絶または解約申入の制限」『新版注釈民法⒂』（有斐閣）。

ミラー・ベンジャミン・ノース（一九九五）『経済学で社会を読む』（日本経済新聞社）七七頁以下。

森田修（一九九七）「定期借家権と交渉」ジュリスト一一二四号六六頁。

山崎福寿（一九九七）「借地借家法の経済分析」岩田規久男＝八田達夫編『住宅の経済学』（日本経済新聞社）。

山崎福寿（一九九八）「定期借家権についての実証的分析と規範的分析」阿部泰隆＝野村好弘＝福井秀夫編著『定期借家権』（信山社）。

ここに掲げるもののほか、阿部泰隆＝野村好弘＝福井秀夫編著『定期借家権』（信山社、一九九八年）に登載された諸論文、自治研究一九九八年二月号所載の論文と座談会都市住宅学会公開市民フォーラム「定期借家権を考える」都市住宅学一九号（一九九七）、同・日経一九九七年八月二八日を参照されたい。

立法論や立法過程については、阿部泰隆『政策法学の基本指針』（弘文堂、一九九六年）、阿部泰隆『政策法学と自治条例』（信山社、一九九九年）を参照されたい。

第三章　弱者に優しい定期借家権

一　間違いだらけの経済・法律常識

敬愛する何野教授（何でもやっているので、「何の先生？」と聞かれるためらしい）の『間違いだらけの経済常識』（学習院大経済学部教授岩田規久男、日経）はまことに面白いので、みなさんに推薦する。世間の人の常識が「君の考えは逆立ちしているよ」とひっくり返ってしまうのである。経済学者でもない筆者がこの本のブランドを借りて、借家法について偽物を書く。これが当たっていれば、行政法学者の小生も、民法、経済学まで進出したことになり、「何の先生？」と聞かれるかもしれない。しかし、阿部が書くのは、案外間違っていて、何野教授から、「阿部教授の考えは逆立ちしているよ」と、アベコベにされるかもしれない。

岩田教授にこれをみせたら、カンニングしてはダメだと言われ、教えてもらえなかった。活字になったあとで、アベコベにする戦略かもしれない。せっかく、共闘しようと思っているのに。

二　弱者も借りれる定期借家

学生「新古典派などと称する一部の経済学者は、借家契約の期限が来たら、黙って出てもらえるように借地借家法の明渡しの正当事由を廃止するように提案しているらしい。貧乏学生や老人などの弱者は、期限が来たら追いだされ、次の借家を探すのも大変だし、引越代もかかるから、とんでもない改悪だ。貧乏借家人の居住権を保護しようとする法学者こそ、正義の権化だ。経済学者は、貧乏人をブルドーザーで追い出して、金儲けをたくらむ家主のまわしものではないか。」

阿部教授「君の考えは逆立ちしているよ。君はいったん借りた立場で議論しているね。これから借りる立場だったらどうなる？　期限が来ても出てもらえない現行制度では、家を貸そうという人は減る。少なくとも、自宅を転勤中、子どもが結婚するまで貸そうという者は減るし、前からの家賃で安く借りている人もなかなか出ないから、それより高い家賃を払う人でも、そこに入れない。まして、弱者は、いったん入居したら長期間居座り、家賃値上げにもなかなか応じないと、そもそも入居契約のときに断られやすいのだ。もし君が親の空き家を相続したとして、だいたい、こんな法律のもとで家を貸す気が起きるかね。

しかし、定期借家なら、家主も貸す気が起きる可能性が高くなる。そして、借家人がよい人なら、実際上は更新(再契約)される。アメリカでは高齢者は歓迎される借家人だそうだ。いったん入居したあとでは、現行法が借家人に有利であるが、そもそも入居させてもらえなければ、借家人には何の意味もない。弱者を入居させろという義務づけ立法でもするなら別だが、それは家主の財産権を侵害しすぎて、どうみても違憲で、そんな制度は平時ではどこにもないね。現行制度は弱者に優しいようで、逆だね。実は僕もその経済学者の一味になったのだ。」

三　居住の安定性

学生「それはとんでもないことだ。最初に借りるのは大変でも、一度借りたらあとは安心という方がいいではないですか。特に、家族がいれば、職場、子どもの学校、友達など、その住む地域に根づいてしまうし、老人は新しい環境に慣れないので、住み慣れたところに一生住みたいという希望があるのです。住み慣れたまちを離れなければならなかったら、コミュニティも破壊されるのですよ。阪神・淡路大震災では、住み慣れたもとのまちに戻りたいという被災者の声が非常に大きかったのですが、先生は地元にいて、知らないのですか。」

教授「そのくらいはよく知っているが、そのためには、同じ家に一生住む必要はないね。同じ生活エリアで他の借家を探せばいいのだ。」

学生「しかし、老人など、これから所得が増えるわけではないし、転居したくない人もいるのに、期限で追いだすのは、やっぱりおかしいのではありませんか。同じエリア内に本当によい借家があるという保障があるのですか。住居学などの学問でも居住の安定性こそ大事だとさんざん言われていることですよ。」

教授「それは一度借りたら永住しようという人だね。しかし、そうして長年同じところに住んでいると、建替えの時期が来ても、家賃が安いからなどと出てくれないので、家主も建替えが難しいと放っておくね。建て替えれば、もっとたくさんの借家人に入ってもらえるなど、有効利用できるのに、本当に無駄なことだ。それぱかりでなく、そうした建物は災害に弱いから、たくさんの人を殺すことは大震災の例に見るとおりだよ。再開発のために追い出してはならないなどという法学者の正義感は、零細借家人を守ったつもりで、実は、人を殺したに等しいのだ。むしろ、建替えもできた方が同じエリア内に住むことができるのだ。

それよりも、普通の人はそんなに長く借りないから、たくさん権利金を払いたくないのに、家主は長年居座られる前提で、高い権利金を要求するから、学生や若い人みたいにすぐ転居する者には損なしくみなのだよ。君だって、入居するとき、ここに一生居たいなどと決心つくかい。一生添い遂げると決心しても、分かれることがあるくらいだから、住宅くらい、いいところがあればいくらでも転居しようというのが普通の人だよ。

また、コミュニティの維持というが、いったん借りたら転居しなくてもよいという制度で、よい街が維持できるかね。新しく、人が入って来ず、老人ばかりで、建物も老朽化しているのに、建替えができずに困ってしまうよ。更新しながら、創造しないと、本当のコミュニティは維持できないよ。」

四　選択制の提案

教授「われわれの提案する定期借家権は、これまでの契約はそのまま有効に、これからも、従来型の解約制限付き借家契約と定期借家の選択制にする。したがって、老人がこれから借りる場合も、従来型でもよいのだ。居住権が大切だという人はそうした契約をすればよいのだ。居住権など、十分にわかって提案しているのだ。」

学生「そんなことをいっても、家主は従来型を提供しなくなりませんか。」

教授「同じ権利金、家賃なら、家主は定期借家しか供給しない可能性が高いね。しかし、従来型は、更新請求権がある分権利性が高いから値段が高いのだ。逆に言えば、定期借家はその分安いのだ。借家人が定期借家よりも高い権利金を払えば、家主は従来型でも納得するだろう。あるいは、定期借家だが、三〇年契約というのもあるだろう。しかし、君は、そんな長期の契約をする気になるかい。」

学生「僕はそのうち転居しますが、老人になったら、長期の契約をして、安心したいのではないかな。」

教授「ただで安心を買うことはできないね。長期なら、権利金が高くなる可能性が高いね。しかし、人生、先はわからない。早く死んだり、転居したりすることもある。そうすると、高い権利金は捨て金になる。だから、イギリスでは、借家人の方こそ、短期の定期借家を希望し、それを更新していくという話だ。万一更新拒否を食らって、転居先を探す負担と、長期の権利代との比較の問題だね。

貯金でも、いつでもおろせる普通預金と、金利の高い定期預金があるし、期間が長ければ金利は高くなる。それぞれの人の事情によって、自由に選択すればよいのだ。短期で出たい人に長期の更新請求権付きの権利を押売りしている現行法は、貯金する以上定期にせよと、普通預金を禁止するようなものだ。」

学生「従来型を定期借家と同じ権利金、敷金、家賃で提供させるように義務づけることこそ大事だと思うけど。」

教授「契約は対価関係に立たなければならない。同じ代金しか払わないで、高い価値を手に入れようとするのがおかしい。契約法のイロハだよ。多くの民法学者が民法の基本を無視するから、議論がおかしくなるのだ。」

五　継続的法律関係の保護？

学生「でも、あと二年で卒業しようと思って、二年契約でアパートを借りたら、鬼の阿部先生に不可食らって、もう一年かかるとき、家主に更新をお願いしたら、悪徳家主で、同情するどころか、足元を見て、引越代、新規契約の権利金、不動産屋の手数料などまで見込んで、高額の更新料を請求してくることがあるかもしれない。借主としては、経済学でいうサンク・コストがかかっているのですから、家主とは対等な立場にならないのですよ。継続的な法律関係は保護に値するというのが法律の正義感覚ではないのか。こうした悪徳家主から、貧乏で善人の借家人を守るためにこそ、借地借家法は借家の更新拒絶を制限しているのではないか。まったくもって正当な法律だ。それとも、先生は家主とグルになって（リベートでも貰って）、不可でもつけるのですか。」

教授「これはとんでもないいいかがりだ。武士は食わねど高楊枝。僕は最近は仏の阿部だよ。それでも不可を食らうのは、よほど不勉強だね。留年のリスクを考慮するなら、はじめから三年契約で借りたらどうかね。

それに、継続的な法律関係というが、一度関係を結んだら、永久の契りなどというのは、厳格なイスラムかどこかの発想だ。継続的な取引でも、突然打ち切ることは信頼保護の観点から許されないが、永久に保護されることはないはずだ。

借地の場合には、相当の期間借りなければ建てた建物の投下資本が回収できないので、借地人を法律で保護する必要もないではない（これも、地主が特に強い時代の話で、地主が無数にいる今日、借地人としては投下資本の回収ができないような契約には応じなければよい）が、借家の場合、借主が回収できない投下資本はそんなに大きくない（移転料だけ。子どもの学校などの事情があっても、それに支障のない範囲内に借家があるのが普通である）から、期限が来たら、家主の意向に反して、それを延長するほどの根拠はないだろう。期限が来ても、返さない方が、家主の信頼を裏切るのではないのか。

また、こうした足元を見る悪徳家主の対策としては、借家人が、最初に更新（再契約）請求権付きの家を借りればよい（この点はできた法律のもとでは議論がありうる。第一部第二章二2参照）。家主が強いから、そんな契約は結べないという反論もあるが、それは借家がたりない場合だ。借家契約を自由にすれば、借家の供給が増えるから、今でも量的には家が余っている状況を前提とすれば、家主がそんなに強くはならないと思う。

定期借家では供給が増えるし、これまでの借家よりは権利が弱い分安いのだから、かりに更新（再契約）のときに損しても、不合理ではないのだ。」

六　家賃値上げと居住権

学生「定期借家なら、更新（再契約）のときに家主は家賃を上げやすい。家主横暴を許すのではないか。」
教授「相変わらず、逆立ちした議論だね。どうして、家賃の値上げがいけないのかな。」
学生「借家人は、貧乏だからですよ。」
教授「借家人なら貧乏だという証拠があるかどうかも問題だ。昔住んでいた家を一軒だけ貸して、アパートに移ってやっと食っている老人もいるし、銀行から借金して、借家を建てたが、空き部屋ばかりで、首を吊ろうなんていっている気の毒な家主も結構いるよ。それに、貧乏人なら、値段をまけなければならない商売があるかな？住宅は別だなどという意見もあるが、米屋に行って、長年買っているのだし、貧乏なのだから、うちだけ米代まけて、といったら、まけてくれるかい？最近来た人と同じ値段になるだろう。米を食べる権利を保障すべきだとしても、それは米屋の責任ではなく、国家の責任だ。住む場所を用意するのも家主の責任ではないだろう。家賃だって、前から借りていても、新しく借りても、同じ条件になっていいはずだね。ただし、前からの借家人がよい人で、家賃もきちんと納めるが、新しい人の場合にはその点は不確実なので、そのリスク分、前からの借家人の家賃が安くてもよいけど、それは国家が決めるのではなく、家主と借家人の交渉ごとにすべきだね。」

学生「先生の説明は、いつのまにか経済学の説明ですね。法学（ほうがく）者が経済学を説いても、方角（ほうがく）違いになりませんか。法学者らしく、居住権はどうなるのか、説明してくれませんか。」

教授「おう、なかなかいいセンスで言うね、僕の法学イロハカルタには、「法学士　邦楽学ぶは方角違い」というのがあるよ。居住権などといっても、自分の家に住む話ではないから、それ相応の対価を払わなければ、入手できないのだ。これは、市場経済のもとの民法上当然のことだね。うっかり貸したら、家賃をまけろ、居住権がある、家主の財産権は公共の福祉で制約されるなどといわれては、貸家業は成り立たないね。」

学生「でも、家賃が上がっては、貧乏人は住むところがなくなるのですよ。家主の責任ではないというなら、政府は家賃統制でもすべきだ。」

教授「家賃統制が借家人のためになると思っているのも、逆立ちした議論だね。家賃統制は経済原則で動く社会を人為的に押さえつけるものだ。家主は、家賃が満足に取れないなら、借家経営を拡大しない、修理を怠る、あるいは撤退するから、借家はますます逼迫する。ひどい話だが、アメリカで家賃統制の残っているニューヨーク市では、借家人を追い出すために放火されたのではないかと噂されている焼けたアパートがあちこちにあるそうだ。前から借りている人はいいが、新しく借家を借りようとすれば、さっきも言ったけど、苦労するよ。これは、風邪をひいたときに強力な抗生物質を使うようなものだ。対症療法にはなるが、そのうち、自分の力で風邪を直せなくなるよ。」

学生「では、どうしたらよいですか。家主の横暴にまかせろとでもいうのですか。」

教授「家賃が上がる、だからそれを力で抑えろでは、政策として単純すぎるのだ。碁でも将棋でも、何手か先を読まなければならない。家賃統制をすれば、借家が減り、かえって借家人が困るくらいのことは、別に難しい抽象論の経済学を学ばなくても、ヘボ碁しかできない人でも、ごく普通の家主の立場になって考えれば読めるはずだ。家賃が上がるのは、需給バランスが崩れているためだから、借家の供給を促進する政策が必要なのだ。たとえば、良好なまちづくりへの計画的誘導、建替えの優遇、更地の重課税、アパートへの課税軽減措置などの方がましだね。実際、震災後の神戸では、借家が余って、値崩れしてしまった。」

学生「そんなことでは時間がかかる。早く効果をあげてくれなければ。」

教授「家賃統制は速効性があるが、劇薬だね。患者を殺してしまうよ。時間は多少かかっても、確実に治る治療法の方が結局は長生きできて、得だね。」

学生「更新の時、家賃値上げを認めたのでは、家賃が払えずに、ホームレスになる人がたくさん出てしまうのではないか。」

教授「既存の借家契約まで、定期借家にすれば、これまで長年の経緯で安く借りていた借家人も、市場家賃を取られる。ボストンでは、一九九四年に、住民投票で、既存借家まで定期借家にする法律を成立させたが、そうすれば、家賃を払えずに困る借家人が出て、混乱することも想定される。したがって、われわれは、定期借家を、新規契約にかぎり、しかも、従来型との選択で提供しようとしている。それなら、新規の家賃を払える人が数年後の更新時に家賃を払えないほどに家賃が上がることはたくさんはないので、普通は更新できるか、多少安い家を近隣に見つけることができるはずだ。ホームレスがいても、定期借家とは無関係だ。

七　弱者の支援策

学生「先生の話はどうも弱者に冷たいように聞こえますね。」

教授「それはとんでもない誤解だ。弱者こそ、住宅を借りれるように仕組んであるのだ。しかも、本当の弱者には社会保障で支援しているのだ。神戸では、生活保護は、三人家族で、住宅扶助五万円を含め二一万円あり、七〇歳の単身男性なら、住宅扶助三万八六〇〇円を含め、保護費は一三万三二〇八円になる。国民健康保険料、年金保険料は免除され、医療費も無料だ。これだけあれば、どこかそれなりのところを借りれるはずなのだ。

それに公営住宅も結構ある。これからは高額所得者を追いだすのに訴訟を使わずに、民間並みの家賃徴収で出てもらう（公営住宅法二九条）ので、公営住宅の空き家が増える。都心の公営住宅は少ないというが、弱者ならなぜ都心に住めて、中堅階級だと、都心に住めずに、郊外から通勤地獄を味わわなければならないというのも理解できない。

借家人が弱いとしても、その保護手段にはいろんな工夫の余地がある。借地借家法が、更新拒絶の正当事由という一つの制度しか用意しないのが硬直的なのだ。そして、定期借家権か、借地借家法の護持か、といった二者択一の議論は、頭脳の硬直性を示すものだ。

われわれは、定期借家契約書というタイトルの付いた契約書を用い、期限が来れば、更新請求権はありませんという文章に、きちんとサインしてもらうことを考えている。これでも、既存の解約制限付き借家から定期借家にだまされて切り替えられる老人がいると反対する人がいるが、それなら準禁治産宣告を受けてもらうしかない。

心配だから反対などと、馬鹿の一つ覚えのように言っている法律学者も結構いるが、心配なら、心配のないように法的な工夫をすることこそ、法律家の力量ではないかね。私は法律家の現状を悲しんでいるよ。」

学生「おやおや、先生は、専売特許の『やわらか頭』（『政策法務からの提言』（日本評論社、一九九三年）をここでも宣伝するのですね。」

教授「まったくその通りで、竹槍で本土決戦、一億玉砕か、国体護持かといった戦争中の主張を思い出すよ。」（成立した定期借家法では、それでも心配だという反対に配慮して、「当分の間」定期借家への切り替えは禁止された。第一部第二章三4）。

八　事業用借家

学生「では、居住用の貸家は期限付きでやむをえないとして、店舗ならどうですか。儲かっている店舗を期限で追い出すのも気の毒だし、儲からないので家賃を払うのに苦労している小さな店を追い出すのも気の毒だし。」

教授「儲かっているなら、ほかの借家希望者よりも高い家賃を払うと家主に申し出れば追い出されずに済むだろう。儲からないから、家賃をまけてなどという商売人を保護する義務がなぜ私人たる家主にあるんだい！そもそも、国家だって、儲からない商売を温存する規制をやめて、自由競争を推進した方が社会の富が増えて、みんな幸せになるのに、家主まで、借家人の既得権を守っていたのでは、社会の進歩はないね。」

九　政策法学と新古典派経済学

学生「どうも先生の話を聞いていると、先生はいつのまにか、新古典派とやらの経済学に毒されて、身も心も捧げているクローン学者になったようですね。悪魔に魂を売ったといってもよいですね。新古典派ゴリゴリの岩田規久男、八田達夫先生が入っている研究会（定期借家権）にも入れてもらっているとか。そのくらいで、法学の長年の歴史と伝統を投げ捨てて、洗脳されるようでは、オウムにだって、すぐ洗脳される方ではありませんか。市場万能主義では、社会は弱肉強食で、混乱するばかり。市場の弊害を規制するのが法律ではありませんか。契約自由の議論が通用するなら、長年の住宅法学・土地法学の蓄積は何のためですか。法学の基本たる正義はどこに行ったのですか。」

教授「いや、悪魔に魂を売っても、心は売らないよ。正義と効率性を矛盾対立するものと捉えるから、おかしくなるのだ。正義を達成する一つの基準が効率性なのだと思うね。今お話しした例は、どれも、よく考えると、経済学的な視点から考えた方が正義にかなうだろう。法学者の言っていた正義も、往々にして一面的な、既得権擁護の主張にすぎないことも多いね。長年同じ借家に住んでいるから、近隣より安く借りる権利があって、明渡しの時は、近隣の家賃との差額を借家権価格として請求できるといった主張は、単にいったん借りた者の既得権の主張にすぎないよ。これを法律家が正当化するから、経済学者から批判されるのだ。」

学生「では、先生は、新古典派で、法律を徹底的に改革しようというのですか。」

教授「いや、これだけの議論では、経済学帝国主義を跳梁跋扈（ちょうりょうばっこ）させるだけで、法律の領域はその植民地になってしまう。

僕は法律家として、市場経済の原則のもとでは、長年借りているというだけで、安く借りる権利が借主に発生するわけではないから、借家権価格なるものを設定して、土地収用などのときに借家人に土地価格の一定割合を与えよといった考え方は、家主の財産権を侵害して憲法違反であると主張している（阿部泰隆「適正補償のための解釈論と立法論」小高剛編『損失補償の理論と実務』〔住宅新報社、一九九七年〕）。また、先程述べたように、借家人の保護手段を講じている。こうしてはじめて法律家の役割を果たしたことになると思う。

どうだい、僕もこの前までは君と同じ心配をして、経済学者に嫌われていたから、君の意見はよく理解できる。経済学者グループからはもう少しで破門されるところだったよ。われわれの定期借家の提案は、問題のないように工夫したものだから、僕にならって改宗しないかね。いつまでも反対説に与していると、泥船に乗るようなものだね。

もうちょっと説明すると、できるだけ効率性を追及し、よって生ずる社会問題には分配の公平で対処しようとするのが新古典派経済学だが、これは効率性が完全に歪められている日本の法制度の改革の視点としては、十分に有用な視点だ。日本列島「法」改造論を唱える僕（阿部泰隆『こんな法律は要らない』〔東洋経済新報社、近刊〕）にとっても、十分配慮すべきことだ。だが、効率性を徹底的にもう一段と高めたら（限界効率性）、それよりも大きな歪みがでないのか、まだわからないところもあるので、効率性を一〇〇％までも高めることが常に妥当か、思案中だ。

たとえば、公務員は身分保障のために、働いても働かないでも同じような給料を貰える。これはたいへん非効率だ。大学教授など、プロ野球並みに、給料を交渉すれば、優秀な者は、一億円も貰えるといった議論がある。予備校の看板講師は一億円プレイヤーだそうだから。しかし、大学は予備校と違って、よい講義をしても、授業料をよけい集めることができるわけではなく、学問には特許権がないから、すぐ真似られてしまう。したがって、優秀な教授でも、高給をもらえない、割に合わない商売だ。僕は、教授の給料査定に伴うトラブル、評価の難しさ（コスト）を考えると、いっそ給料は査定なしの一律でよいが、その代わりに、大学の仕事をしっかりすれば、あとはどこでいくら稼いでもよい（弁護士をしようが、会社を経営しようが、特許を取ろうが、テレビのお笑い番組に出ようが勝手）とした方が、社会が適正に評価してくれると思うが。しかも、大学教授を契約制にするなら、ストを認めないと違憲だが、入試の時にストをされては大混乱だし、いろんな観点を考慮する必要があるね。

会社員の配置転換では、会社が経済合理的に行動するなら、無理に単身赴任をさせて不能率な仕事をさせるよりも、能率の上がる仕事に向けるはずなのに、必ずしもそうではない。

法制度の設計に当たっては、経済学の効率性は重要な要素であるが、それだけではなさそうだ。これが私が今建設中の政策法学だよ。」

第四章　新たなオプションとしての定期借家権の擁護

一　はじめに

今日は、土地法学会の方々にも、われわれの提案する定期借家にご理解いただき、無用の反対をやめて、むしろ賛成していただきたいと思ってまいりました。私は、実は昨年（一九九七年）の夏直前、改宗（法律の学説のなかでの単なる改説というより宗教を変えるくらいの大転換であるので、改宗と称しています）して賛成派になりましたが、それまでは、先ほどからの報告（日本土地法学会・土地問題双書三三号『震災と都市計画・定期借家権』（有斐閣、一九九八年）所収）にあるような疑問点をいろいろ並べまして、経済学者に嫌われていたんです。

ある日、突然目覚めまして、改宗したものですから、皆さんが考える議論は、百も承知です。そして、皆さんが考える疑問に答えるように制度を立案しているつもりです。もちろんたりないところもあると思うので、ご教示いただきたいと思います。

法務省の論点設定自体が今の制度を守りたいというバイアスがかかっているものでありまして、ましてて、期間何年がいいかなどと質問するのは、定期借家に何か問題があるからどこか絞ろうかという発想で、定期借家には問題がないということが全然わかっていないと思います。法務省の論点に示された程度の情報で、全国からアンケートをとり、それを基準にして考えようなどというのは、およそ専門的な立法作業とはいえません。そもそも、法務省は、情報公開していません。論点公開する前に、研究会で議論したはずですが、研究会でどんな議論しているかが、全然わかりません。私どもは、検討の結果をいろいろなメディアを使って発表しています。自民党も、公聴会の議事録を全部公開しているんです。

お配りした資料のうち、日本経済新聞（一九九七年八月二八日号）に載っているもの（「パネルディスカッション：定期借家権」）について、スポンサーがついているのではないかと、鎌田薫さん（『論争東洋経済』一九九七年一一月号）が匂わせましたが、『日経』が自主的に載せてくれたのです。この座談会について詳しくは、『都市住宅学』一九号（一九九七年）の方に掲載しました。話の筋は、私が全部考え、司会をやりました。『日経』の方にもう一つ、私の書いたもの（「経済教室　定期借家権を考える」七月二八日号）があります（これは『こんな法律は要らない』に収録）。あと、『論争東洋経済』一九九七年九月号（本書第二部第一章）にも書いています。

この問題はもともと経済学者主導で始まりましたが、定期借家を導入した場合に、それを選択するのは借家人の自己責任だなどという議論を排斥し、消費者保護の観点から規制することにしました。そこまでいくと、経済学者だけではやれない仕事です。

定期借家では問題があるから、反対ではなくて、このように問題がないような立法措置を考えることこそ、法律家の仕事なのです。法務省や民事法学者の多くはそういうまっとうな思考をしていないのです。法務省には、司法試験を現役で通った秀才がいっぱい集まっているそうですが、私は、「学校秀才どまりの人間ではだめだ」という非常にきつい言い方をしています。

二　定期借家のしくみ

1　三点セット

われわれの提案する定期借家のしくみは三点セットです。まず、既存の借家契約にはさわらない。既存の契約が定期借家に自動的に切り替えられるという心配はない。

二番目は、これからの契約でも、正当事由借家、定期借家の選択制にします。定期借家の場合、いっさい制約条件をつけない。目的、期限、規模、家賃、地域いずれもです。

それで、三番目に、住宅弱者が発生すれば、公的措置を講ずる。ただし、もともと、住宅弱者はいますけれども、定期借家によって、住宅弱者が生ずるとは私は思わない。

これを少し詳しく説明します。

2　規模限定なし

定期借家は大きい借家の供給を目的とするから、七五平方メートル以上とか条件つける意見があります。しかし、そうすれば、七五平方メートル以上がいっぱい供給されて、七〇平方メートルとか六〇平方メートルとかの供給が減ります。そうすると、そういうお客の要望には応えられない不合理を生じます。

3　期間限定なし

期間は一年未満でも、三カ月でも結構です。二年以上にせよとかよく言われるけれども、夏休みにアメリカに行く間貸したい、その間借りたいという人もいるのです。両当事者が納得していれば、かまわないはずです。それを、借地借家法の保護がない一時使用のつもり（借地借家法四〇条）で貸したら、いや、居住用だから一時使用ではない、などと議論されると、貸した本人は、戻ってきても住むところがなくなるのです。だから、お互い納得できるのだったら、定期借家でいいじゃないかということです。二年未満禁止などとすれば、八カ月借りる人も二年契約しなきゃいけない。五年以上などとすれば、二、三年で引越す予定の人も、五年契約しなきゃいけなくなるわけです。家主も五年いるのなら、もちろん地価が上がっているときだけですけど、家賃も上げにくいため、五年分の権利金をもらっておこうかということになるのです。早く引っ越したら、それは捨て金なのです。

皆さんは、長くいたいなどとばかりいわれますが、そんなのはうそです。同じ借家に永久にいたいなんて人がいますか。結婚式の日には墓場まで仲良くしたいなんて誓うけれど、そのうち別れるのがごろごろいますね。まして、借家なんて、借りるときに、これは気に入った、俺は一生いるなんて、覚悟できる人は何人いますか、そうじゃなくて、普通の人は、もっと良いところへ移りたいと思っているけれども、結果論でずるずる一生いたというだけですよ。数年で引っ越している人が普通なんですね。だから、あなた、死ぬまでいたいんですね。じゃあ、三〇年分の権利金を払って下さいといわれると、引っ越すかもしれないから、そんなに払う気はしないわけですよ。でも、長くいたいと思う人はどうぞと。期間も民法上は二〇年となっているけど、それをこえる長い期間の契約も認めます。そう思わない人は短期の契約でと、選択の自由でいいでしょという提案をしているわけです。今の借家制度では動くと損なので、選択の自由を制限しているのです。

長くいたかったら、それに見合う対価を払って、自由に契約して下さい。同じ条件だったら、家主は応じないけど、条件が違えばわからないんですよ。

一生住みたいなんていうんだったら、どうぞ死亡するまでの契約を認めましょうかという議論をやっています（しかし、この不確定期限付きの借家契約は今回は認められていない。第一部第二章二3、第三章三）。

4 書面形式

定期借家契約は、口頭で締結すれば、あとでもめますから、書面によることにしましょう。書面でなければ、すべて従来型の正当事由付きの契約にしましょうということです。口頭契約で意味がわからないとき、定期借家と推定するか、従来型にするか。家主が損するか、借家人が損するかで、借家人にはだまされる人が多いなんてばっかり言われるので、家主が損するようにという案にしています。しかし、これではちょっと貸してあげた親切な家主が損することになります。

「定期借家権賃貸契約書」（正式には、「定期建物賃貸借契約書」となった）といった契約書で、期限が来たら出なければならないという条項をゴシックで書くようにすべきです（この私見は標準契約書では採用されていないが、アンダーラインくらいは引くべきです）。

5　公正証書は不要

それでも、だまされるのが心配だというのなら、公正証書にするかという問題がありますが、ムダですね。ここでは、とりあえず、「公正証書等の書面による」というふうに、「等」と入れているのです。これは定期借地権と同じです。だから、公正証書にしなくてもいいのです。

6　切替え

既存借家から定期借家への切り替えについては、借家人に無条件の拒否権を与えます。切り替えのときは、ちゃんと意思確認をします。それでも借家人はだまされるという説がありますから、それならだまされないような制度を作ったらいかがですか、というのが私どもの主張です。

そこで、切替えのときだけ、公正証書にすることを義務づけるかという議論もあります。しかし、両当事者が定期借家で納得しているときに、公証人を儲けさせる必要はないじゃないかと、僕は思うんだけどね。

皆さんは、定期借家に切り替えられて、次に意に反してどんどん追い出される、損だと思っているから、こういう議論をされますが、今まで従来型で権利金を何一〇万か払っていて、定期借家に切り替えるときは、普通は、ちょっと家賃をまけるか、権利金をちょっと返すかという話になるに決まっているんです。家主としては、そのうち、建て替えよう、そのとき、借家人がいたらややこしいから、期限がきたら出てもらいたい。これは、リーズナブルな議論でしょう。借家人の方は一生いたいと思えば、それに応じないんですけど、そのうちもっといいところがあったら、移ろう、転勤がある、死ぬかもしれない。それなら、期限を切られるかわりに権利金を返してくれるなら、応じようという借家人もいるわけです。それがだまされたということにはならないと思うんですね。それでもだまされると心配なら、準禁治産宣告を受けて下さいというのが、私の言い分です。

その次、切り替えのときに、借家権価格を補償すべきだという説があるけど、普通の人は借家権価格なんてもらわずに出ていっているわけですね。最後の最後まで頑張って、あと建替えでみんな出て行ったけど、数軒残っているときにはじめて立退料を払うことになるんですね。普通はこんなのは権利じゃないんですよね。だから、立退料は出さなくてもいいんです。

それと、家主が、だまして、定期借家に切り替えることはそんなにたくさんあるのか。それなら、今の借地だって、どんどん定期借地に変わっていって、だまされたという実態があるはずなんだけれども。それと、だまして、切り替えて、期限がきたら追いだそうとしたら、トラブルになります。そのときにだましてないという証明もまたいるわけですが、それも楽ではありませんから、だます家主がそんなにたくさんいるのでしょうか。

（ただ、この点は、成立した法律では、それでも心配だと、「当分の間」切替えが禁止された。第一部第二章三4参照）。

7　正当事由の撤廃

現行制度では借家契約をいったん結んだら、簡単には出てもらえない。どういう条件が成就すれば返してもらえるかがわからない。さっき（この土地法学会の報告で）村田博史さんは、貸すのは余剰財産だから、貸したら取り返せなくてもいいのじゃないかといわれましたけれども、それなら、銀行に預金するのも、余剰のお金ですから、金利さえもらえれば、元金を返してもらえなくてもいいのか、ということではなくて、やっぱり期限がきたら返してもらって、他に活用したいということになるのです。そこで、返してもらうときの条件がはっきりしないと困るのです。

正当事由の制度があると、裁判でも、信頼がおけることを証人尋問で立証しようとしたりして時間と金がかかる。定期借家なら、期限がきたというだけで出てもらえますから、裁判も非常に簡単です。法律学者が、期限がきたときにも、継続請求権があるはずだ、信頼保護だなどというから混乱するんだけど、定期借家では、そういうのはいっさいなしと立法するわけですから、裁判所は、期限しか審理しない。そうすれば、さっさと明渡しの判決が出る。

しかし、執行の方は問題がある。僕はもっと実効性のある執行方法を考えている。私が家主だったら、最初の契約書で起訴前の和解をする（民事訴訟法二七五条）。最初に、契約したときに一年後の何月何日に明け渡していただくと契約書を作って、裁判官に判断してもらう。そうすると、明渡しのためには裁判はいらない（第一部第三章**四**5）。

さらに、その執行も、僕は無駄だと思っている。私が家主なら、最初の契約書の中に、期限がきたときは、家主は、鍵を開けて、中の動産は、貴重品を除き、全部捨ててよろしいとか、家主に贈与すると決める（第一部第三章**四**4）。そうすれば、もらったものを捨てるのは自由でしょう。贈与されていないと、動産執行がいるわけで、煎餅布団を保管し、あるいは、家主が自分で競落しなければなりません。これはやっかいです。

一部の民法学者は、これは無効じゃないかとすぐいうのです。しかし、これがなぜ公序良俗に違反するのですか。窮迫に乗じているわけではありません。嫌だったら、他のところを借りればいいのだから。たいした価値のあるものではありませんから、取られたって困らないのです。期限がきたら絶対出てくれるなら、家主は貸してあげようと思うのです。

そうすると、期限がきても居座る人は困るけれど、期限がきたら素直に出ましょうという人は、かえって得なんです。私の案は、善良な人に得で、悪い人に損です。

8　定期借家での更新（再契約）

次に、定期借家の期限がきたときに、借家人はどんどん追い出されるなどと心配する人が少なくありませんが、家主が自分で使いたいとか、建て替えたいとかいう場合以外は、普通は更新（再契約）するものなのです。断られるのは、次に入る人と比べて、高い家賃を払いたくないという人の話なんです。皆さんの議論の大前提は、市場家賃を払わなくて済ましたいということなんです。しかし、市場家賃を払いたくない、一回借りた以上安くしてくれ、などといわれたら、家主としたら、出てくれということになるわけです。しかし、市場家賃を払うのに追い出されることがあるでしょうか。普通の家主は、また継続して貸しておこうか、それなら、今までの人の方がたぶんよくわかっている。今までの人で、夜中まで麻雀やっているとか、騒いでいるとかという人は出て下さいとなるでしょうが、普通に家賃を払って、おとなしくしている人を追い出す家主が、そんなにいるわけないのです。次に借りる人が悪いやつかもしれないんですし。

それで、話は変わりますが、大学教授の任期制の方が私は心配です。なぜかというと、大学教授の評価というのは、とても多面的ですね。素晴らしい学問でも、反対派からみれば零点という人がいっぱいいますからね。ガリレオ裁判ですよ。そこで、こういう人は首になってしまう。私が定期借家権を提唱できるのも、身分保障のおかげでして、任期制のもとで反対派の学部長が人事権を持っているとしたら黙ってしまいますね。これでは暗黒政治です。

ところが、家主から借家人をみた場合の評価基準というのは、ほとんどないのです。家賃を素直に払って、普通に使っていればいいのです。だから、家主が恣意的に追い出すということはめったになくて、恣意的に追い出す家主にあたったら運が悪いというぐらいに考える。そのとき、どこかへ行けばいいと。まともにやったら、次がみつかるというふうに考えればいいのです。

定期借家では、理屈の上では、期限がくれば自動的に借家権が消えるわけです。そこで、借家人も更新されると思っていても、家主が、期限がきたから出ろというトラブルが起きるわけですね。そこで、家主が、次に更新しないのならば、それを六ヶ月前に通知しなさいとします。家主がこれを忘れた場合には、従前どおり更新されるとか、期間の定めのない契約になるなどという議論もありますが、これでは、家主がうっかり通知を出すのを忘れたというだけで永久に借りられちゃう無茶苦茶が生じます。そこで、家主が、更新通知を出し忘れても、思い出して通知をすれば、借家人はそれから六ヶ月間たてば明け渡さなければならないという案を作っています。

（立法過程で、「更新」はできないが、「再契約」はできるということになってしまった。これについては、第一部第二章二2参照）

9　継続的利用の利益

定期借家に反対する議論では、継続的利用の利益という議論がありますが、これも基本的に間違いです。そんな利益を主張するなら、最初からそういってくれれば、家主はそれだけの権利金を取るわけです。いったん借りた以上継続的な利益があるから定期借家に反対というなら、現行の期限付き借家（借地借家法三八条）にも反対しないと、一貫しません。

われわれは、今立法論をやっているんです。継続的利益が要らない人は、定期借家を選んでいただきますということです。継続的利益が欲しいという人は、従来型を選べばよいのです。その代わり、それ相当の権利金を払ってくださいということです。

信頼保護などとすぐいわれます。借家人の方は、期限がきても、また、更新してもらえると信頼しているのだといわれるけれども、逆で、家主からみれば、期限がきたら返してもらえる信頼があるわけですね。家主の方の信頼を踏みにじって、借家人の方の信頼を守るというのはおかしいですね。なぜなら、期限を切ったら、期限がきたら、返してもらうというのが原則だからです。

今の定期借地権は五〇年後に返してもらえるはずなんですけれど、そのときにまた、返せというのは権利濫用だなどという人がいるのですが、それなら定期借地権の立法のときに、民法の信頼保護、権利濫用（民法一条二項、三項）はいっさい適用を排除すると明文化すべきでした。それをやらないで、紛争が起きるといっている立法関係者はおかしいですね。

僕は、今回定期借家について、期限がきたら、それで終わりで、権利濫用、信頼保護の適用を排除するという条文を入れようと主張したのですが、そんなことを言うと、ギラギラするとか、反対が増えるとかいう反対がありました。それで、さっき申しましたが、期限がきたときに、通知から六ヶ月だという条文で、延々と延長しないことがわかるようにしたのです。

10　法の明確性の要請と期限付借家

不在中の期限付借家（従前の借地借家法三八条）は非常に曖昧なのでやめるべきです。親が何年で死ぬということがわかっていないと期限を切れないんですよ。誰も知るわけないことです。転勤だって何年で帰るとか、誰もわかっていないんですね。この制度を使ったら、トラブルばっかりなんです。僕は法律家が作った条文は、あとで紛争が起きて飯が食えるようにしていのではないかと、悪口を言いたくなるわけです。

われわれは、この借地借家法を改正して定期借家にしたら紛争が減るといっているのですが、法律家が正当事由を守りたいというのは、紛争が起きて飯が食えるようにするためだろうと、悪口を言っているのです。これに対して、法律家はすぐ反論するけれど、それならもっともめごとのない、明確な条文を作ってください。立法の指針の一つとして、法の明確性の要請が必要です（本書第二部第二章二5(2)）。予測可能性がないと投資もできないからね。

あとで、裁判の必要がなるべく少なくなるような制度がいいんです。今、規制緩和で、紛争が増えるから、司法を大きくして、などといわれていますが、あれは間違いです。法曹を増やすというのは、ある程度までは今より必要かもしれないけれど、裁判所が正当事由のようなわけのわからない基準で判断するなら当事者は損するだけです。裁判とか弁護士は、はっきりいって、何の富も生み出さないのです。両当事者から巻き上げるだけです。だから、本当はなるべくない方がいいのです。しかも、借家人に弁護士がつくと、弁護士は立退料を要求するため、またもめるのです。そんなことで金をとるという商売は、なるべくない方がいいんです。

このように、期限付借家は不明確ですからやめるべきです。では、これを改正すればいいではないかといわれますが、全部変えた方がもっとすっきりするでしょう。一時使用はちょっと残しておいてもいいですが。

（なお、できた法律は、法制的な吟味の余裕が十分でなかったためもあって、なお、遺憾ながら、解釈論の余地を残すものとなってしまった。本書はしがき、第一部第二章参照）。

11　中途解約

定期借家にしたら、期限まで、借家人は解約できずに家賃を払わなきゃいけないんじゃないか、と議論されました。今の制度でも、家主の方から勝手に解約する特約をおくことはできない（借地借家法三〇条）けれど、借家人の方は、勝手に出てよいという特約を交わすことが可能です（民法六一八条）。それは定期借家でも同じで、借家人は特約を結んで、期限前に解約できることにしておけばいいし、今そうなっているから急に変えることはない。しかし、期限前は出ませんという契約もできるんです。

イギリスでは、事業用の借家の方は、期限前に借家人は出れない。ただし、自分が出るとき、それを他の人に貸してもよいといった転貸条件付の契約を結ぶようです。そうでなければ、採算が合わないんですね。

三年契約ですが、実は、三カ月で出るかもしれませんといったら、家主の方は、じゃあ、権利金は、それなりにいただきますね、ということになるんですね。その辺は、市場で決めた方が、僕は、合理的だと思っているわけです。

12 定期借家固有の弱者

弱者対策は徹底すべきですが、定期借家では、弱者は発生しません。既存の借家について、全部定期借家にしてしまえば、昔借りたから家賃三万円でしたが、この辺の市場の家賃は一〇万円という人が、期限がきたから一〇万円払いなさいといわれたら、お手上げとなるわけです。そのような人は、遠くへ引っ越せばいいでしょうといえば、大変な社会問題ですね。だから、既存のものに適用すると問題があるわけです。

藤井俊二さんの論文（ジュリスト一一二四号）によると、ドイツでは、定期借家を導入したら大変な混乱が起きたから、日本でもまねるべきではない、といっています。しかし、これは比較法の基本がわかっていないのです。ドイツでは、既存の借家に適用したのですから、混乱が起きるのは当たり前なのです。僕らはそれをわかっているから、既存の借家にはさわらず新規の契約にだけ適用するのです。

アメリカ、ボストンでは、既存の借家契約を全部パーにしてしまって、定期借家にしてしまいました。住民投票で決めました。皆さんは、既存の借家人を保護することはいいことだと思っているけれど、とんでもない間違いです。既存の借家人を保護するという法律の下では、家賃も抑えられ、解約も制限される。そうすると、家主が家を造らなくなる。修繕したって、家賃を上げられないから、馬鹿馬鹿しいと、修繕もしない。ニューヨーク辺りでは、逆に、火をつけて、保険金をもらって、それからまた建てるというやつがいるそうです。捕まったら大変ですが。誰が火をつけたのかはわからないけれども、放火されたアパートがあちこちにあるといわれているんです。

だから、家主は、余剰財産を活用して、儲けているのだから、解約制限は当然だなどと考えては、借家人が困るのです。家主が、賃貸アパートを造る気になるとか、修繕する気になるようなしくみでなければいけないわけです。

定期借家では住宅難民は出ません。定期借家なら、これから、例えば一年間とか二年間とかいう契約をするわけですね。そのときの市場家賃を、一〇万円と仮定すると、一〇万円を払える人しか契約しないんです。この辺は、一〇万円のものしかありませんよ、といわれたら、三万円しか払えない人は、三万円のところへ行くしかないんですね。数年後に期限がきて、家賃がかりに上がっているときだって、少々なら、今までの人は、一〇万円しかありませんから、一〇万円のところに引っ越すとしても、少し遠くになるか、ちょっと狭くなるだけですね。三万円から一〇万円という話ではないからね。失業したらどうするなんていう人がいるけれど、それは、今だって同じで、失業して家賃を払えなかったら、追い出されるわけですよ。家主が、そんな人を面倒みる義務ないしね。

法務省が、老人・母子家庭一千万世帯をどうする、なんて書いていますが、まったく滅茶苦茶な話です。老人・母子家庭でも、定期借家なら定期借家の条件で借りるわけですよ。同じ収入なら、期限が来たときに、追い出されるわけはないのです。収入が、途中で減ってしまったら別ですけれど。老人だって、そのまま収入が続くと仮定して、借りるんでしょう。それなら、期限が来ても更新できるだけの金があるんです。

定期借家では、弱者が追い出されると心配されるけれども、まるっきり逆です。従来型なら、先のことが心配なので、弱者はなかなか借りることができませんが、定期借家なら弱者も借りることができるので、弱者に優しいのです。しかも、定期借家が導入されると借家が増えますから、家主が弱くなります。借家人は借りやすくなります。

アメリカでは、定期借家は、一年更新が多いそうです。しかし、老人は、まずそのまま更新できるそうです。老人は、悪いことをしない、騒がない、最低の年金しかもっていないかもしれないが、それで素直に家賃を払っているから、おいてもらえるんです。期限がきたら、追い出す悪徳家主がいるというけれども、自分で使う場合は仕方がない。日本の借家法の先生が建替えのための明渡請求を認めないために、古いアパートがいっぱい残って、まちが更新できないで困っているんです。

13　コミュニティ

また、建替えが進まないので、今までの人ばかりいて、田舎から出てきた者は、全然入れないんですね。コミュニティの維持などというけれど、若者はどんどん出ていってしまって、おじいちゃん、おばあちゃんだけが残っていて、アパートが古くて、それで、コミュニティだなどというのはおかしい。やっぱり、建て替えて、人が入ってきて、というチェンジがないと、まちは生きないんですよ。全部追い出すというのはいけませんが、ただ、ここを動かすな、というのでは、コミュニティにはならないと私は思うのです。

それで、定期借家の場合は、今までのものとの選択ですから、同じところにいたい人は、従来型の契約をすればいい。定期借家がよければ、定期借家の契約をすればいいんです。

三　定期借家の効果

1　立退料の撤廃

先ほど、明渡しのとき、立退料として、地価値上がり分を払うのはおかしいと、私と同じ意見がありましたが、でも、次のところを探す権利金を払えといわれました。しかし、そんなことをいうなら、家主は、最初に権利金をもらっておくんですよ。要するに、家を借りるときに、将来もらう立退料分を家主に預けるということになるだけですよ。借家は、金がたくさんなくても、家賃さえ払えば住めることにメリットがあるんです。大金があってはじめて借りられるのだったら、借家じゃないのですよ。期限がきて出るときに、立退料も引越代も払えなどといっさい言わない方が、家主も、最初にその分取っておく必要がなく、安く貸してもいいという気になるわけです。

2　家賃と開発利益

家賃は自由契約で決めます。判例では、家賃が上がっているときに、家主が家賃の値上げを要求すると、足して二で割れ、とよくやっていたのです。そして、その理論的な理由は、地価の値上がり分の半分は借家人のものだなどというのです。しかし、それは基本的に間違っています。開発利益が誰のものかという議論ですが、地価の値上がり分は、私法と公法とで分けて考えなければならないので、私法上、土地所有者と借家人とを比べたら、土地所有者のものなのですよ。借家人のものになるわけがない。

家主のものになるのはけしからんといわれても、借家人のものにすることもけしからんからどうしようもないのです。家主から巻き上げる手段は公法上のもので、開発利益の吸収とか譲渡所得税とかです。先ほど、容積率アップしたらどうかという議論がありましたけれど、私の本ですと、容積率がアップした分は、全部公共が巻き上げるか、それとも半々にせよと主張しているわけです。そして、その半分の分で、公営住宅を造るのです。こういうふうにすれば、自治体は土地代なしで、公営住宅を造ることができるのです。それなら、公営住宅を増設してもいいでしょう。今みたいに、土地を買ってから公営住宅を造ったのでは、とてもじゃないが追いつかないというのが私の主張です。

澤野順彦弁護士は、もらった家賃の一、五〇〇年分の立退料を払わせたケースがあるが、これでも安いといっているんですね。安いか高いかは、基準の問題で、地価の値上がりと比べたら、安いんだろうけれども、貸したら、返してもらうとき、一、五〇〇年分の家賃をつけてやらないと返してもらえないのでは、貸す馬鹿がどこにいるというんですか。それなら、貸さないで、ペンペン草を生やしていた方がよかったわけです。

ペンペン草が生えていると、地価が上がらないという人がいますが、周辺が立派な家であれば、うちだけ、ペンペン草だって、地価は上がるんですよ。ここに、借家人がいたから、地価が上がったなどという説明がされるけれど、それは嘘です。この借家人がいたことと、地価が上がったこととの間には、因果関係は何もないんです。地域が全体として開発されたから、地価が上がったとはいえますが。したがって、この借家人に開発利益を渡す理由は全然ないんです。

それで、貸したら一、五〇〇年分の家賃を返さないと、建替えもできませんよ、というのは、私は、財産権を侵害しすぎていて、憲法違反だといっています。

今のような不安定な制度で、皆さん、そう簡単に貸す気が起きますか。定期借家では、こうした馬鹿なことがなくなるのです。

3　紛争コストの低減

弁護士には申し訳ないんですが、借家紛争で、明け渡してもらおうと思ったら、まず、最低四、五〇万円の着手金が必要で、裁判所が、不動産鑑定士を頼めなどというから、また何一〇万円かかかって、それで、勝ったらまた何一〇万円かとられるから、最低一〇〇万円単位の金が要るのです。これでは割が合わない。家賃値上げでも、評価のために、また適当にかかってしまうわけですね。裁判所は市場の家賃はわからないから、結局半分にしてしまうとか。調停員なんていうのは、とにかく一件落着させるのが仕事だから、気の弱い方を説得するそうです。妥協すると、家賃は安くなってしまうわけです。

客観的な基準というのは、誰もわからないのだから、それを権力で決めるのは間違いで、市場で決めた方がいいではないですか。

金を貸して、利子をつけて元金返してくれというときに、トラブって、まけなさい、ぐっと安くしなさいといわれると、不合理とわかるのですが、これとどこが違うのでしょうか。

4 借家の増加

定期借家では、貸す人が増えて、広い借家が増えます。貸す方も借りる方もみんなが助かります。

これについて、新築が増えるのと、既存の持ち家が借家になるのがあります。まず、前者は本当かという疑問が出されています。澤野弁護士は、土地を買って、一〇〇㎡のマンションを作ると、六、五〇〇万円する。これを、貸すには、月四〇万円の家賃を取る必要があり、借家人には払えないなどと、言っていますが、不動産業者は、今だって土地を買って、建物を建てて、その費用を回収するという経営の仕方はやっていないですよ。

市街化区域で、生産緑地法から外れたら、固定資産税が上がるから、使わざるをえない。遊休地を駐車場にするか、アパートを造るしかない。そして、家を建てると、相続税評価も安い。地価はおよそ顕在化しない。土地の値段を回収していないのです。建物の建築費だって回収していないかもしれないんです。それでも、相続税が安くなればいいんだということで、借家経営をしたりするんです。六、五〇〇万円かかるから、家賃月四〇万円なんていうことはないはずです。

だから、みんなが家賃負担に耐えられないような借家しか供給できないという議論もそう簡単に成り立つのでしょうか。それから、庶民は定期借家というだけでは家賃負担に耐えられないとしても、そのときには、住宅建設のための特別金利の安い融資とか、賃貸住宅補助とかという制度を併用すればいいんです。定期借家ならある程度安く供給できますから、これらの費用が節減できるわけです。従来型で、これらの施策を講ずれば高くつくので不合理です。

既存の持ち家が賃貸住宅として貸し出されることは確実です。僕の知人で、立派な一〇〇平方メートル近いマンションを東灘区に持っているのに、北区に家を建てた者がいます。ローンも大変なので、東灘区のマンションを売りたいんだけれど、今はいい値段では売れない。貸したら、売りたくても出てもらえない。定期借家なら売り時を見て売れるので、貸す気がおきるわけですよ。みんなハッピーになります。

さっき、貸し出すのは余剰財産だからという話がありましたが、余剰財産だって活用する権利があるわけですよ。余剰財産を、一回貸してしまったら、もう、戻ってこないのでは困るから、逆にそれを貸さないわけですよ。皆さんのまるっきりの誤解は、家主には家を貸す義務がないということがわかっていないことです。一回、借りてしまったら強いんだけど、そんな強いやつに貸さないという選択肢を家主はもっているわけですね。返してくれるのなら、貸そうかと、家主は考える。

僕が死んだら、愛妻プランです。夫婦の一方がなくなったら、片方は、その家を貸して、1DKを借りれば、月に一〇万円くらいの家賃の差額を取れます。これはすばらしいことです。これは定期借家ではじめて実現できることです。従来型では貸したら、自分が住みたいと思っても、子どもが住もうと思っても、返してもらえないのですから、なかなか貸す気が起きません。

それで、既存の家で、空いているのがどのくらいあるかということですが、じーちゃん、ばーちゃんだけで、一〇〇平方メートル以上の家に住んでいる人は約一五〇万世帯というのですね。それが皆貸し出されるわけではありませんが、その中で、ある程度貸してみようか、という人もいるはずなんです。

うちの団地の中でも、転勤などでずーっと空けているのが、何軒かあります。あれは、貸すと返してもらえないからといって、貸さないのです。だから、確実に返してくれるのなら、貸すという人が増えて、逆に借りる方は助かるのです。しかも、自分が住んだ家を貸す場合は、もう減価償却が済んでいるから、安く貸しても採算があうのです。そうすると、借家人も助かります。「みんなが得する」のです。これは、皆さんも認めているようなんでね。

しかし、そんなに借家が必要なのとか反論されますが、家を買うのは大変です。それでも、地価高騰期では、ローンは、そのうち目減りして負担にならないし、財産になったわけですね。しかし、地価が上がらない今では、ローンを組むよりも、家賃を払っている方が楽かもしれません。まして、大震災がきたら、持ち家の人は財産を失うんですね。借家人は、死ななければ、あんまり失わないんですね。

いずれも長短がありますから、いろんな選択があっていいんです。どれかを強制することは適切ではありません。定期借家を借りて期限がきて、出ろといわれたら、引っ越せばいいのです。そのとき、定期借家なら、借家人は弱いでしょう、引越賃もかかるし、値上げに応じなければいけない、なんて、みんな反論するわけです。しかし、定期借家の場合、権利性が弱いんだから、最初に安くせよと頑張ればよいのです。従来型だったら、特に長く居座りそうな人は、権利金をいっぱいとられます。その辺の兼ね合いで、絶対長くいるという人にとっては、従来型がいいんだけど、そのうち引っ越すかもしれないという人にとっては、定期借家の方がいいんです。

そのときに、家主が常に定期借家しか提供しないんじゃないか、とすぐ反論されますが、それは条件次第です。定期借家の方よりも、従来型の方がよけい儲かると思えば、それを選ぶはずです。法律学者がよくやるミスは、権利をただで買えると思っていることです。従来型だと、家賃高騰時には、よけい払わなければいけないんですよ。銀行に貯金して、普通預金と一年物と一〇年物と、金利が一緒なわけがないでしょう。一年物で契約して、更新、更新で五年経ったから、実は五年物の金利をちょうだいといったら、冗談じゃないといわれます。更新請求権があるものと、更新請求権がないものとは値段が違うのですよ。ただ、家賃が上がらず、借家も余っているときは、家主も従来型を提供してくれるかもしれません。

定期借家は、期限で追い出されるかもしれないから心配だなといわれます。うちの学生が二年の契約でアパートを借りたら、阿部先生に不可をくらって、三年目になってしまった。家主が引越賃を払ってくれたらおいてやるというふうに悪らつに出ることもあるといわれます。そんなに心配なら、最初から、三年目にも借りれるように更新請求権付きの契約にしておきなさい、ということですね（第一部第四章三3）。

しかし、定期借家で、貸す人が増えますから、そんな心配も減りますね。そんなのは、推測でしょうといわれるけれど。では、逆に今の方がいいという推測も、どうして成り立つのですかと聞きたいところです。制度つくりのさいは、たいていの人は経済的に合理的に行動するという前提に立って、中に経済的・合理的に行動しない、悪いやつに対する対策を考えればよいのです。

四　批判への反論

1　規制緩和で民事基本法を改正

さっきから、定期借家は、規制緩和ではないか。それで、民事基本法をいじるのはおかしいという議論がありますが、契約の自由を踏みにじっている借家法が本当に民事基本法なのですか。民法の原則に戻って下さいというのが私の主張なのです。契約というのは、対価関係に立つのです。米屋に行ってまけてくれといっても、そんな議論はとおりません。市場原理で、物を売り買いできるように、市場がおかしくならないようにするのがまともな法律家です。市場がうまくいかないとき、片一方を押さえてしまうというのは、無理なのです。それを、やりたかったら、家主から家を収用してまで、借家人に貸せばいいのですが、まさかです。

2　家賃値上げ

それで、既存の契約にはさわらないから大丈夫ということもさきほど申しました。それで、住宅弱者も本当に皆大丈夫です。

定期借家では、更新（再契約）のさい家賃が上がって、追い出されてしまう。定期借家は家賃値上げのためかとか反対されます。

しかし、市場家賃を取るなという議論をするから、間違いなのです。市場の値段を払わないで、買える物はないのですよ。さっき、衣食住の話が出ましたが、衣と食は、市場原理で買っているのです。貧乏人は麦を食えといって、首になった大臣（池田勇人）が昔いました。しかし、米も、今は市場原理で取引きされるのです。住宅だけ、市場原理ではないなどと頑張っても、家主が貸したくないといえば、それまでですね。一回貸した以上市場原理ではなくなるといわれても、貸すかどうかは市場原理なのですね。さらに、新規に借りる人と前から借りている人との間で、家賃に差があるというのがおかしいのです。市場原理だと、修理費などを別にすれば、大体似たようなものになります。それが不合理だというのなら、借家を造る政策をつくるのが筋なのです。まして、家賃統制なんてやったら、ますます貸す者がいなくなる。定期借家の提案は、従来型の契約を結んでもいいし、定期借家を選んでもいいというプラス・アルファですから、何も困らないのです。

3　悪徳家主

定期借家では、更新のときに足元を見て値上げする悪い家主もいるでしょう。だけど、みんなが悪いわけじゃなくて、普通の人は、これで商売をやる以上、その金は、銀行金利よりは、よけいにもらえるところに、投資したいわけです。家賃収入というのは、銀行金利よりは上でなければいけないのです。リスクもあるし。銀行なら、ちゃんと、ペイオフが解禁されても、一〇〇〇万円まで元本保証してくれるんですからね。これに対して、家賃には何も保証もない。今、神戸の家主は、非常に困っているんですよ。震災の後、いっぱい借家を造ったら、とんと入ってくれない。被災者の多くは、公営住宅を狙っていてね。民間家賃が下っているんですね。家主は、借金して家を建てて、入ってくれなきゃ、逆に首をつらなきゃいけないかもしれないんですね。僕は、そういう家主に非常に同情しています。住宅政策の失敗です。みんな、借家人のことばっかりいっていてね。家主だって、大変なんですよ。〝悪徳〟になっている余裕がありません。

4　貧乏老人の保護

法律学者というのは、吃驚する議論をするものですね。ある法律家に定期借家の話をしたら、期限がきたその日に、老人が病気になったので、救急車で病院へ運んで行ったら、どこの病院でも断られて、結局戻ってきてしまうことがおきる。それで、追い出すとかわいそうだから、期限を延長しろというのです。そんなことをいったら、家主は老人には貸しませんよ。

大体、病気になった人を面倒みるのは、国家の仕事であって、家主の責任ではありません。それを、家主の責任だなどというのならば、老人に貸すときは、うちは、有料老人ホームです。一、〇〇〇万円ぐらい払って下さいといわなければいけないわけですよ。定期借家なら、たとえ老人でも二年分の家賃があれば、二年貸してみましょうか、となるんです。逆に、弱者が借りれるのです。今の制度は、逆に弱者が借りられないようになっています。たしかに、一回借りてしまった人は保護されるけれども、その人が、引っ越してしまったら、アウトと。

澤野先生が、われわれにだいぶ近づいてきて、定期借家を一部認めようなどといっているのですが、高齢者については、やっぱり定期借家はだめだ、期限がきても追い出すわけにはいかないなどといっています。しかし、そんなことをいったら、高齢者に誰が貸しますか。高齢者も若いやつも、競争して借りているのです。若いやつは、期限がきたら、素直に出ますというわけですね。それから、家主との家賃交渉に応じます。高齢者は、期限がきても、出ません。家賃交渉にも応じません。それで、貸してくれといわれても、誰が貸しますか。それだったら、最初にね、あなたは、三、四〇年生きるのですね。権利金を、五〇〇万円ちょうだい、とかいった話になって、高齢者はますます借りれないのですね。だから、高齢者だって、同じ条件を出さなければいけないのですよ。これが物事のイロハです。

5　公営住宅はたりないか

とにかく、これからは、弱者も借りれるように。そもそも家賃を払えない人は、国家の保護対象です。これに対して、公営住宅がたりないのではないかという批判があるのですが、それはうそです。都心だったら少ないけれど、ちょっと郊外に行ったら、空いていますよ。

阪神大震災のときに、全国で三万戸も空いているから、借りてくれといっていたし、神戸だって、押部谷のあたりに行けば、公営住宅にいつでも入れたのですよ。そうすると、遠くから通わせるのはかわいそうだとすぐ反論されますが、多くの人は、税金を払って、遠くから通っているのです。税金をあまり払わないで、安く、便利な都心の公営住宅に住まわせてもらいたいと頑張るのは無茶ですね。生活保護では生きていけないといわれますが、結構豊かです。居住の安定性とすぐいいますが、期限がきて出ろといわれても、近くを借りればいいのです。同じ家にこだわる必要はないのです。

五　最後に

定期借家というのは、今までの借家契約にプラス・アルファするだけで、今までよりも悪くすることは一つもない。よくするだけですから、一〇〇点満点です。既存の借家に適用すると、もめ事が生じ、抵抗が増えるので、抵抗が少ない制度をとりあえず導入するわけです。それでも、なおかつ、反対ですか。私の説を聞いて、もし、将来家が空いたときに、今までだったら、貸したくないけれども、定期借家なら、貸してみようかと思う人、そういうふうに、阿部教に改宗した人、おられませんか。

今日報告された村田博史先生も、すぐ阿部説になると当てにします。北海道大学の吉田克己先生は大反対しているけれど、今度の法律時報二月号（一九九八年）をみたら、問題点は、定期借家がいくら増えますかという話と、今までの借家権から、定期借家に切り替えられる心配があるからちゃんと安全措置を講じよと書いてありますが、これはちゃんと、安全措置を講じています。吉田先生の反対理由もなくなりますね。

判例タイムズ九五九号（一九九八年）で座談会をやって、反対派としては山梨学院大学の藤井俊二先生だけ呼んで反対論を全部出してもらったのですが、全部つぶれましたね、こちらに改宗いていただけませんかと、僕は発言しておきました。反対があったら、どうぞ言って下さい。

もっとよくする提案をするのはいいのですが、一〇〇点にならないから反対というのなら、今までの三〇点の制度を墨守するのかと。「そんな法律家は要りません。」（拍手）。

六　質疑応答（Q and A）

定期借家権に疑問をもたれる方が普通に考える疑問に答え、すべて論破したつもりであるので再録させていただく。

Q　今、借家の数は、希望者に比べて、不足しているのでしょうか。もし、不足しておれば、定期借家権で、解消されますか。

A（阿部泰隆）　定期借家権で、借家不足が解消できるかどうかは経済予測でしようが、それを人間がやろうと思うのが、神に対する冒涜だと思います。そんなことができるのなら、うちの経済学の教授も、大儲けしているはずなのですが、意外と儲かっていないのです。こんな生き物のように複雑な経済を、ちゃんと予測しようと、予測できなかったら、制度を作るのは反対なんていう議論が多いのですが、それは、基本的に間違っています。

私の考えでは、リーズナブルな対価関係に立つ契約ができるように、選択肢を増やせばいいのです。

ただ、少し数字を申しますと、今の借家は、数では余っていても、五人家族に一間なら狭すぎるから、要するに、家族の人数に応じた広さで、それなりの条件の借家がどれだけあるか、ということが問題です。今は、面積の方しかやっていないのですが、諸外国と比べると、日本の持ち家の広さは平均して一二二㎡で、アメリカの一五八㎡には負けますが、フランスは一一二㎡、ドイツは一二二㎡、イギリスは一〇二㎡で、日本はヨーロッパ水準以上です。

ところが、借家だと、日本の標準借家の平均は四〇何㎡で、米国は一一一㎡、ドイツが七五㎡、フランスが七七㎡、イギリスが八八㎡です。借家だけは、日本は非常に狭い。借家に住んでいる人たちが一人暮らしなら、狭くても仕方ないのですが。三人以上の人が居住する借家の最低居住水準未満の世帯が二五％。誘導居住水準という、少しましな基準を満たさないのが九〇パーセントということで、借家の居住条件は、決してよくはないということが言えるのです。

ここで、標準的な三人世帯で、誘導居住水準というのは、戸建ては九八m^2で、共同住宅だと七五m^2です。これ以上の借家としては、三九〇万戸必要だが、実際には、九〇万戸しかなく、三〇〇万戸不足している。他方において、六五歳以上の単身または、夫婦のみの世帯で、一〇〇m^2以上の家に住んでいるのが、一五〇万世帯もあるということです。

それで、よい借家を供給するということが政治課題です。ミス・マッチ住宅といいますけれども、大きい家に一人で住んでいるという方には、それを貸していただくということで、何も新しく家を造らなくても、皆さんに広いところに移っていただけます。お互いに助かるのだから、「みんなが得する定期借家」といっているわけです。一番いい案は、既存の借家も、全部定期借家にしてしまって、その代わり、家主は、ちゃんとした住宅を供給するように、片一方では、更地の固定資産税を高くして、片一方では、建設補助を出し、経済的に苦しい人には家賃補助を出すことですが、そこまで、いっぺんにいかなくても、これはこれまでよりはましになるでしょうという説明をしたわけです。

良質な借家はたりないし、定期借家はその解消にかなり寄与するということです。

Q　予測の議論なので、同じ水掛け論になるかもしれませんが、阿部とは違う意見を述べたい。

特に、関東圏の住宅用、特にワンルームとかを中心とする、保証金とか、礼金の状況というのは、大体二ヶ月とか、三ヶ月で、これは家賃を滞納したときに、債務不履行の担保として取っているのであって立退料のためではないのではないか。したがって、ここに定期借家が導入されても、保証金がそれほど安くならないと思う。

営業用借家の場合は、非常に高い、いわゆる権利金が授受されているが、これは内装一式の営業権を含めたものの譲渡に伴うものなので、ここに定期借家を導入する必要があるのかどうかというのが、よく分からない。保証金は本当にすごく安くなるのか。

借家を供給する大家さんの立場からいきますと、ローンも払い、多少赤は出して、相続税対策とか、税務対策にはなるのですけれども、やはり、キャッシュ・フローが基準になっているので、たくさん供給されたから家賃が安くなるか、というと、ちょっと普通の一般の経済理論というのが、ここにそのまま当てはまるのかなというふうに思っています。

推進論者は、供給がすごく増えるというが、定期借家が導入されれば、現在空き家でおいているものを一定期間貸そうというようなインセンティブになるかと思いますが、新たに、お金を投資をして、アパートを建てて、供給したいというインセンティブになるのか。借家は定期借家というようなものがなくても、経済がよければ、どんどん供給されるのではないか。

A　だいたいすでに説明したことですが、繰り返します。

家賃も保証金も、市場で決まるんです。家主が勝手に決めることはできないのです。家主が、費用がかかったから、家賃を高くしたいといっても、できない。市場家賃では採算が合わないなら、新規には造らないだけで、一回造ってしまった以上、市場家賃が安くたって、赤字だって、貸すしかないのです。逆に、借りたい人が多ければ、原価よりもはるかに高く貸せて儲かる。新規に借家を造らせる必要があれば、それが市場家賃でも採算に乗るように、原価を引き下げる政策を採る必要があります。定期借家はその一つの手段ですが、それをやってみて、たりなければ他の手段を併用すればよいのです。

定期借家導入で家主が新しくアパートに投資するのか、と聞かれますが、新規の投資のさいにはいろんなファクターを考慮するのは当然で、定期借家だけで決まるわけはないが、それも一つのインセンティブになるといっているのです。定期借家にすれば、すべてよくなるといっているわけではないんですね。バブルのときは定期借家でなくても、不動産投資は増え、不景気になれば、定期借家でも不動産投資はそれほど活発にならないのは当たり前です。経済学者の議論の基本なんですけれど、他の条件をすべて一定にしていて、定期借家にすればどう変わるか、という話をしているにすぎないのです。他の条件を全部ごっちゃにして、従来型の制度の他に、定期借家制度を導入したら、どうなるか、という議論ではないのです。そんな複雑な予測は誰もできないのです。

定期借家なら、家主としては、経営がしやすくなる。今みたいに、家賃が上がっていないと同じだが、家賃が上がるときは、ちゃんと取れるし、建替えのときも、出てもらえます。変な人にも、さっと出てもらえます。経営がしやすくなるから、貸す人も少し増えれば、あとは家賃は市場で決まるのです。僕が、死んだ後の家なんて、権利金を取らなくても、大丈夫な人だったら、貸してもいい。安く貸す貸主が増えれば、家賃や保証金が下がるのは当たり前で、推測にすぎないなどといわれるのは、数学で、定理を証明せよといわれるようなもので、返事のしようがないのです。経済の動きを正確に読めなければ何もやるべきではないというのならば、大体今までの借家法もつくるべきではなかったのです。借家の供給を抑えることはわかっていたのに。まして、立退料の規定など、一、五〇〇年分の家賃相当の立退料を払えなどという判決が出ることは、誰も予測しないで作ったわけですよ。だから、そういうことを読めないから、法律を作ってはいけないなどといったら、何もできない。実際、最近の神戸では、借家を造りすぎたが、仮設住宅層は公営住宅を狙っているので、家主は困って、家賃、保証金が値下がりしているのです。

僕が、逆に心配しているのは、家賃が下がってしまって、新たに投資してまで、アパートを造るというインセンティブが逆になくなるのではないかということです。

それから、保証金が債務不履行の担保であることは確かなのですが、関西では、保証金一〇ヶ月、敷引き四ヶ月とかで、留学生などは皆降参しているわけですよ。あれは、債務不履行の担保だけではないのです。ただ、定期借家では、不良借家人は簡単に追い出せるので、家主の競争が激しくなれば、保証金を下げる家主が増えるのは明らかだと思います（現に今の神戸では保証金も下がっている）。

営業用の借家の場合、保証金なり権利金は営業権の対価だといいますが、現行法の更新拒否禁止制度のもとでは、家主としては、長期間借りられるのであれば、それだけの対価を要求するし、借りる方も、それだけの対価を払うなら、出るときも、それを次の借家人から回収したくなるので、営業権の対価が発生するのです。これに対して、定期借家なら、営業権といっても、期限付きですから、高い対価を取っては、誰も買ってくれない。そこで、これからは、正当事由付きの、高い権利金を払う従来型営業用借家と、権利金の安い、定期借家の二つが流通することになります。いずれの価格がどうなり、いずれがどれだけ提供されるかは市場が決めることで、予測はできませんが、選択肢が増えることは、種々の要請に応えるので、よいことで、今みたいに、高い営業権利金付きの正当事由付き借家しか用意しないのは、選択の自由を奪うものです。

Q　契約更新日の借家人と大家さんの契約交渉力の問題ですが、借家を選ぶ段階では、借家人も全く対等な財を選ぶ消費者という立場にあると思うのです。しかし、一旦、そこに住んでしまうと、もし大家さんが続けて次の契約をしてくれなかったら、引越料を払って、移らないといけないという状況の中で、大家さんと本当に対等な交渉ができるか。大家さんが交渉上有利になるのではないか。

そもそも不動産という財は代替性が少ない。普通の動かせるような物の売買とかと違って、やはりその場所で、それを借りないと意味がないということが、不動産の場合は、非常に強いので、市場原理を、そのままもってきて、市場原理が働くという条件設定がそもそもできるのか。

A　そういうのもみんな、私の方はお答えしたのですが、ジュリスト一一二四号の森田論文は、そういう趣旨ですね。

不動産に市場原理がなじまないなどといえば、誰も貸してくれないのですから、市場原理を動かす法制度が必要なのであって、市場原理を殺す法律に固執するのは間違いです。

Q　一点だけ反論させていただきますと、契約には、いくつかの類型があって、それから、選択できるじゃないかというお話ですよね。しかし、ここで、こういう物を借りたいといった場合に、それら三つの選択肢の契約があるのかということが、まず、問題だと思うのですね。更新付きので、多少、保証金が高い物で、契約すればいいじゃないか、というようなお話ですが、もし定期借家権という類型ができれば、供給する側としては、そちらに流れていくという可能性が高いと思うので、更新付きで保証金が高くても、そういう選択肢がないということは十分に考えられるのではないでしょうか。

A　それも、みな、市場原理でやればいいのです。定期借家の値段で、更新付きの物を借りようとしたら、家主は嫌だというに決まっています。しかし、定期借家よりも高い金を払うから、更新請求権付きの物にして下さいといえば、これは交渉事で、家主の方も、この人なら、五回くらい更新されても大丈夫だなと思えば、むしろ更新請求権付きの方がありがたいというふうになるし、三〇年住んでくれて大丈夫だな、と思ったら、それでいいし、途中で家賃をなかなか上げにくいと思っても、最初に権利金を何百万か積んでくれるのなら、いいなと考えます。それは、借家人がそれなりに、対価を提供すれば、家主は応ずるはずで、借家人が、価値に見合う対価を払わないで、権利を獲得しようとするのが、基本的に間違った発想です。

Q　その辺も、ちょっと憶測の領域なので、ちょっと分からないなというところがあります。

A いや、憶測ではない。経済的に合理的な行動を前提とするのです。

Q 最後にもう一点。定期借家権が導入されると、むしろローンよりも安い賃料を払って、賃貸の生活を選択する方が増えるということをおっしゃってましたね。これもまた、考え方の違いなのですが、今でも、家賃を払う方が、むしろ安いという状況の中で、皆さん、ローンを払って、所有を選ばれてるという状況がありますよね。

A 先生がおっしゃっているのは、定期借家だと、もっと家賃が安くなるから、今よりはずっと、賃貸を好む志向にいくだろうというお話でしたよね。

A そう。

Q まず、それについては、考え方がいろいろあると思うのですが、やはり、定期借家の場合は、次にそこに住めるかどうか、次の家賃がいくらになるか、分からず、居住性としては非常に不安定なので、ローンを払っても、所有というふうに流れていくのではないか、という考え方が一つあると思うのですが。

Q 定期借家になったら、期限で出なければいけないから、逆に、持ち家志向になるという論文がありますが、あれはまるっきり逆です。

定期借家で期限が来ても普通は追い出すわけではないのです。むしろ、いて欲しいのです。市場家賃を払わない人が追い出されるだけです。

だから、定期借家を借りて、市場家賃を払う場合と、持ち家との比較がポイントですが、持ち家と借家の選択にはたくさんのファクターがあるから、そこの中で、われわれは、他の要因を全部同じようにして、定期借家が導入されたらどうなりますか、といっているだけであって、そのとき、ほかの要因をいろいろごちゃまぜにして考えたら混乱します。わが家だったら安心だからとか、ローンを払い終われば、もう何も払わなくていい。これに対して、借家だと永久に払わなければいけない、家賃値上がりの心配もあるとか。それはその通りです。いくら定期借家を導入しても、一軒家を買いたいという人がいっぱいいるのは当たり前なのですよ。けれども、そういう他の要因を抜きにして、従来型の借家から、定期借家という制度が導入された場合に、どうなりますか、というと、定期借家の供給が増えて、少し家賃が安くなるといったら、ちょっと動くとか。

定期借家で全て変わるなんて言った覚えはないのですね。議論が混乱しているわけです。

そして、定期借家にしたら、どれだけ、動くかということですが、他の要素を一定にすれば、試算はありますが、それは多数のファクターの一つだから、他の要素まで含めてならば、経済学的にも誰も計測できないのです。それに、今だって、無理してローンを借りている人がいっぱいいるわけですよ。借家も、権利金も結構するし、家の家賃に毛が生えたものを払えば、家を買えると考えて無理して買っています。しかし、地価が上がっていなければ何の値打ちもないのですよ。特に、マンションなんて、何十年も経ったら、値打ちがなくなるわけですから、借りようという志向が少しは強くなります。

それと、全員定期借家を借りる必要は全然ないのですよ。多くの人は、持ち家でいいのです。持ち家志向がなくなると言った覚えはないのです。

第五章　定期借家の税制への影響

定期借家制度は、税法にどのような影響を及ぼすだろうか。

一　借家の相続税と固定資産税

日本では、借家人がいると、一般に建物の評価が下がる。収益は思うように上がらず、自由に使えないからである。競売の場合、借家人がいると売れない。抵当権付きの建物に短期賃貸借がついていると、売るのに苦労する。では、現行税制ではどう評価するか。

相続税では、土地は、貸家建付け地として、自用地としての価格×（1－借地権割合×借家権割合）で計算され、建物は六掛け（借家権価格が四〇％）、土地は借地権割合が六〇％位の須磨であれば、四〇％の六〇％で二四％減の七六％と評価される（相続税法評価通達）。建物の方は借家権価格分減額評価される。貸せば、売りにくくなる、使い勝手が悪くなるからという理由である。これが相続税逃れにアパートを建てる相続税シェルター効果といわれるものである。

しかし、貸せば、売りにくくなる、使い勝手が悪くなるという効果はすべての賃貸住宅で共通ではない。単身者向けのワンルーム・マンションなら、回転がよいので、建物の実質的な資産評価はその借家権割合ほどには下がらない。それにもかかわらず、相続税法では同じく相続税を減額している。したがって、相続税逃れの借家建設は特に回転のよいものに集中する。相続税それ自体が賃貸借市場に影響を及ぼしているのではなく、借地借家法による抑制効果が付け加わって、このような効果が発生しているというのである（山崎福寿「借地借家法と相続税制が土地・住宅市場に及ぼす影響」都市住宅学一四号八四頁以下、一九九六年）。

定期借家制度のもとでは、借家人がいても、立退料も不要であるし、不良借家人は期限で追い出せるので、借家人がついていれば、かえって、優良な収益物件であると評価されることになる。そこで、建物の価値が上がり、貸家建付け地という減額制度はおそらく廃止すべきことになる。もしそうなれば（ただし、これは先のことであろう）、相続税逃れにアパートを建てる相続税シェルター効果がなくなるので、その分借家の供給は減る。定期借家で借家の供給は一般的には増えるが、税金逃れのようなゆがんだ供給は減るわけである。そうすると、回転のよい借家が多少減って、それほど回転のよくない借家でも、税法のバイアスがかからない分、供給が行われやすくなるであろう。

これに対し、固定資産税は、建物を貸しているからといって、安くならない。

二　転勤の貸家

定期借家制度の下では、貸しても確実に返してもらえるので、転勤族が空き家を貸し出す。これまでは固定資産税を払って、負担に感じていたが、貸し出せば、固定資産税の分も払える。ただし、賃貸中に不幸にして死亡すれば、相続税が高くなる（第一部第三章一1）ので、相続税を払わなければならないような資産家の場合には、家族の誰かが残って、貸さない選択の方が得なことも生ずる。

転勤族がこれまでの家を貸して、所得を得、転勤先では家賃を払うとする。同じような家を借りて、家賃が同じでも、自宅の家賃には課税されるので、損だと思われる。これは一種の交換のようなものである。このような場合には、家賃の差額だけを所得として扱う税制が必要ではないかと思う。これは現行制度でも起きることであるが、定期借家が制度化されれば、もっと頻繁に起きる。

三　ワンルーム・マンション

これまでワンルーム・マンションの投資は、借金して、家賃を得ても赤字であるが、給与所得などから赤字分を控除される（不動産所得にかかる損益通算。ただし、一九九二年から建物分だけ。租税特別措置法四一条の四）ので、高い税率の総合課税のもとでは、たいして損せず、そのうち、価格が上がれば、キャピタル・ゲインを得ることができるという、変則的なものであった。地価が暴落した今日、その当ても外れた。売りたくても、思うようには売れない。定期借家の制度のもとでは、既存の遊んでいる部屋を貸す者が増えるので、ワンルーム・マンションの経営は今よりは不利になる。ますます赤字が増える。そこで、あきらめて、売る者が増えるであろう。そうすると、家賃相場はますます下がると見られる。

なお、この節税手段の乱用を防止しようと、一九九二年から、控除できる利子は建物分にかぎり、土地分は控除できないことになったが、この改正はこれから投資する者だけではなく、これまでマンションを買った者にも適用された。これでは現行税制を信頼して投資した者にとっては、節税どことか、大変な増税になった。こうした投資税制は、過去に投資した者には適用しないことにしないと、信頼が保護されず、投資も行われない（リチャード・クー「政府にだまされた個人投資家」週刊東洋経済一九九七年一一月八日七頁）。

一般に税制は既存の法律状態にも適用されるものであるが、既存の法律状態への信頼が大きな要素となっている場合に、その侵害を覆すのは遡及立法による侵害として、違憲の可能性も高いのではないか（阿部泰隆『行政の法システム〈新版〉』（有斐閣、一九九七年）第四編第五章）。

良質な賃貸住宅等の供給の促進に関する特別措置法

（平成一一年一二月一五日公布　法律第一五三号）

（目的）

第一条　この法律は、良質な賃貸住宅等（賃貸住宅その他賃貸の用に供する建物をいう。以下同じ。）の供給を促進するため、国及び地方公共団体が必要な措置を講ずるよう努めることとするとともに、定期建物賃貸借制度を設け、もって国民生活の安定と福祉の増進に寄与することを目的とする。

（良質な賃貸住宅等の供給の促進）

第二条　国及び地方公共団体は、適切な規模、性能、居住環境等を有する良質な賃貸住宅等の供給の促進のために必要な措置を講ずるよう努めるものとする。

2　国及び地方公共団体は、賃貸住宅について安全性、耐久性、快適性等の確保に資するため、住宅の性能を表示する制度の普及に努めるものとする。

（住宅困窮者のための良質な公共賃貸住宅の供給の促進）

第三条　国及び地方公共団体は、住宅に困窮する者に対する適切な規模、性能、居住環境等を有する良質な公共賃貸住宅（地方公共団体、都市基盤整備公団又は地方住宅供給公社が整備する賃貸住宅をいう。以下この条において同じ。）の供給を促進するため、公共賃貸住宅の整備及び改良等に関し必要な措置を講ずるよう努めるものとする。

2　住宅建設計画法（昭和四十一年法律第百号）第四条第一項に規定する住宅建設五箇年計画は、前項の趣旨を参酌して策定されなければならない。

3　公共賃貸住宅の管理者は、公共賃貸住宅の入居者の選考に当たり、住宅に困窮する者の居住の安定が図られるよう努めるものとする。

（賃貸住宅等に関する情報の提供、相談等の体制の整備）

第四条　国及び地方公共団体は、良質な賃貸住宅等に対する国民の需要に的確に対応できるよう、賃貸住宅等に関する情報の提供、相談その他の援助を行うために必要な体制の整備に努めるものとする。

（借地借家法の一部改正）

第五条　借地借家法（平成三年法律第九十号）の一部を次のように改正する。
目次中「期限付建物賃貸借」を「定期建物賃貸借等」に改める。
第二十三条に次の一項を加える。
3　第一項の特約がある場合において、借地権者又は建物の賃借人と借地権設定者との間でその建物につき第三十八条第一項の規定による賃貸借契約をしたときは、前項の規定にかかわらず、その定めに従う。
第二十九条に次の一項を加える。
2　民法第六百四条の規定は、建物の賃貸借については、適用しない。
「第三節　期限付建物賃貸借」を「第三節　定期建物賃貸借等」に改める。
第三十八条を次のように改める。

（定期建物賃貸借）

第三十八条　期間の定めがある建物の賃貸借をする場合においては、公正証書による等書面によって契約をするときに限り、第三十条の規定にかかわらず、契約の更新がないこととする旨を定めることができる。この場合には、第二十九条第一項の規定を適用しない。
2　前項の規定による建物の賃貸借をしようとするときは、建物の賃貸人は、あらかじめ、建物の賃借人に対し、同項の規定による建物の賃貸借は契約の更新がなく、期間の満了により当該建物の賃貸借は終了することについて、その旨を記載した書面を交付して説明しなければならない。

3 建物の賃貸人が前項の規定による説明をしなかったときは、契約の更新がないこととする旨の定めは、無効とする。

4 第一項の規定による建物の賃貸借において、期間が一年以上である場合には、建物の賃貸人は、期間の満了の一年前から六月前までの間（以下この項において「通知期間」という。）に建物の賃借人に対し期間の満了により建物の賃貸借が終了する旨の通知をしなければ、その終了を建物の賃借人に対抗することができない。ただし、建物の賃貸人が通知期間の経過後建物の賃借人に対しその旨の通知をした場合においては、その通知の日から六月を経過した後は、この限りでない。

5 第一項の規定による居住の用に供する建物の賃貸借（床面積（建物の一部分を賃貸借の目的とする場合にあっては、当該一部分の床面積）が二百平方メートル未満の建物に係るものに限る。）において、転勤、療養、親族の介護その他のやむを得ない事情により、建物の賃借人が建物を自己の生活の本拠として使用することが困難となったときは、建物の賃借人は、建物の賃貸借の解約の申入れをすることができる。この場合においては、建物の賃貸借は、解約の申入れの日から一月を経過することによって終了する。

6　前二項の規定に反する特約で建物の賃借人に不利なものは、無効とする。

7　第三十二条の規定は、第一項の規定による建物の賃貸借において、借賃の改定に係る特約がある場合には、適用しない。

附　則

（施行期日）

第一条　この法律は、公布の日から施行する。ただし、第五条、次条及び附則第三条の規定は、平成十二年三月一日から施行する。

（借地借家法の一部改正に伴う経過措置）

第二条　第五条の規定の施行前にされた建物の賃貸借契約の更新に関しては、なお従前の例による。

2　第五条の規定の施行前にされた建物の賃貸借契約であって同条の規定による改正前の借地借家法（以下「旧法」という。）第三十八条第一項の定めがあるものについての賃借権の設定又は賃借物の転貸の登記に関しては、なお従前の例による。

第三条　第五条の規定の施行前にされた居住の用に供する建物の賃貸借（旧法第三十八条第一項の

規定による賃貸借を除く。）の当事者が、その賃貸借を合意により終了させ、引き続き新たに同一の建物を目的とする賃貸借をする場合には、当分の間、第五条の規定による改正後の借地借家法第三十八条の規定は、適用しない。

（検討）

第四条　国は、この法律の施行後四年を目途として、居住の用に供する建物の賃貸借の在り方について見直しを行うとともに、この法律の施行の状況について検討を加え、その結果に基づいて必要な措置を講ずるものとする。

（編注、本法は官報平成一一年一二月一五日付に掲載されているが、一二月一七日、一二月二一日の官報に正誤が掲載されている。）

良質な賃貸住宅等の供給の促進に関する特別措置法（いわゆる定期借家法。一九九九年法律一五三号）五条による借地借家法の改正

（借地借家法の条文のうち、二三、二九、三八条が改正されたので、その部分だけ新旧対照表に掲げる。）

借地借家法新旧対照条文（傍線部分は改正部分）

改正法	旧法
目次　**定期建物賃貸借等** **（建物譲渡特約付借地権）** **第二十三条**　借地権を設定する場合においては、第九条の規定にかかわらず、借地権を消滅させるため、その設定後三十年以上を経過した日に借地権の目的である土地の上の建物を借地権設定者に相当の対価で譲渡する旨を定めることができる。	**目次**　**期限付建物賃貸借** **（建物譲渡特約付借地権）** **第二十三条**　借地権を設定する場合においては、第九条の規定にかかわらず、借地権を消滅させるため、その設定後三十年以上を経過した日に借地権の目的である土地の上の建物を借地権設定者に相当の対価で譲渡する旨を定めることができる。

改正法

2 前項の特約により借地権が消滅した場合において、その借地権者又は建物の賃借人でその消滅後建物の使用を継続しているものが請求をしたときは、請求の時にその建物につきその借地権者又は建物の賃借人と借地権設定者との間で期間の定めのない賃貸借（借地権者が請求をした場合において、借地権の残存期間があるときは、その残存期間を存続期間とする賃貸借）がされたものとみなす。この場合において、建物の借賃は、当事者の請求により、裁判所が定める。

3 第一項の特約がある場合において、借地権者又は建物の賃借人と借地権設定者との間でその建物につき第三十八条第一項の規定による賃貸借契約をしたときは、前項の規定にかかわらず、その定めに従う。

第二九条（建物賃貸借の期間） 期間を一年未満

旧法

2 前項の特約により借地権が消滅した場合において、その借地権者又は建物の賃借人でその消滅後建物の使用を継続しているものが請求をしたときは、請求の時にその建物につきその借地権者又は建物の賃借人と借地権設定者との間で期間の定めのない賃貸借（借地権者が請求をした場合において、借地権の残存期間があるときは、その残存期間を存続期間とする賃貸借）がされたものとみなす。この場合において、建物の借賃は、当事者の請求により、裁判所が定める。

第二九条（建物賃貸借の期間） 期間を一年未満

とする建物の賃貸借は、期間の定めがない建物の賃貸借とみなす

2　民法第六百四条の規定は、建物の賃貸借については、適用しない。

第三節　定期建物賃貸借等

（定期建物賃貸借）

第三十八条　期間の定めがある建物の賃貸借をする場合においては、公正証書等書面によって契約をするときに限り、第三十条の規定にかかわらず、契約の更新がないこととする旨を定めることができる。この場合には、第二十九条の規定を適用しない。

2　前項の規定による建物の賃貸借をしようとするときは、建物の賃貸人は、あらかじめ、建物の賃借人に対し、同項の規定による建物の賃貸借は契約の更新がなく、期間の満了により当該建物の賃貸借は終了することについ

とする建物の賃貸借は、期間の定めがない建物の賃貸借とみなす。

第三節　期限付建物賃貸借

（賃貸人の不在期間の建物賃貸借）

第三十八条　転勤、療養、親族の介護その他のやむを得ない事情により、建物を一定の期間自己の生活の本拠として使用することが困難であり、かつ、その期間の経過後はその本拠として使用することとなることが明らかな場合において、建物の賃貸借をするときは、その一定の期間を確定して建物の賃貸借の期間とする場合に限り、第三十条の規定にかかわらず、契約の更新がないこととする旨を定めることができる。この場合には、第二十九条の規定を適用しない。

改正法	旧法
て、その旨を記載した書面を交付して説明しなければならない。 3 建物の賃貸人が前項の規定による説明をしなかったときは、契約の更新がないこととする旨の定めは、無効とする。 4 第一項の規定による建物の賃貸借において、期間が一年以上である場合には、建物の賃貸人は、期間の満了の一年前から六月前までの間（以下この項において「通知期間」という。）に建物の賃借人に対し期間の満了により建物の賃貸借が終了する旨の通知をしなければ、その終了を建物の賃借人に対抗することができない。ただし、建物の賃貸人が通知期間の経過後建物の賃借人に対しその旨の通知をした場合においては、その通知の日から六月を経過した後は、この限りでない。	2 前項の特約は、同項のやむを得ない事情を記載した書面によってしなければならない。

5 第一項の規定による居住の用に供する建物の賃貸借（床面積（建物の一部分を賃貸借の目的とする場合にあっては、当該一部分の床面積）が二百平方メートル未満の建物に係るものに限る。）において、転勤、療養、親族の介護その他のやむを得ない事情により、建物の賃借人が建物を自己の生活の本拠として使用することが困難となったときは、建物の賃借人は、建物の賃貸借の解約の申入れをすることができる。この場合においては、建物の賃貸借は、解約の申入れの日から一月を経過することによって終了する。

6 前二項の規定に反する特約で建物の賃借人に不利なものは、無効とする。

7 第三十二条の規定は、第一項の規定による建物の賃貸借において、借賃の改定に係る特約がある場合には、適用しない。

附　則

（施行期日）

第一条　この法律は、公布の日から施行する。ただし、第五条、次条及び附則第三条の規定は、平成十二年三月一日から施行する。

（借地借家法の一部改正に伴う経過措置）

第二条　第五条の規定の施行前にされた建物の賃貸借契約の更新に関しては、なお従前の例による。

2　第五条の規定の施行前にされた建物の賃貸借契約であって同条の規定による改正前の借地借家法（以下「旧法」という。）第三十八条第一項の定めがあるものについての賃借権の設定又は賃借物の転貸の登記に関しては、なお従前の例による。

第三条　第五条の規定の施行前にされた居住の用に供する建物の賃貸借（旧法第三十八条第一項の規定による賃貸借を除く。）の当事者が、その賃貸借を合意により終了させ、引き続き新たに同一の建物を目的とする賃貸借をする場合には、当分の間、第五条の規定による改正後の借地借家法第三十八条の規定は、適用しない。

（検討）

第四条　国は、この法律の施行後四年を目途として、居住の用に供する建物の賃貸借の在り方について見直しを行うとともに、この法律の施行の状況について検討を加え、その結果に基づいて必要な措置を講ずるものとする。

（注釈：この附則でいう第五条とは、良質な賃貸住宅等の供給の促進に関する特別措置法第五条を指すもので、実質的には、この法律により改正された借地借家法二三、二九、三八条を指すものである。）

借地借家法（抄）

（建物譲渡特約付借地権）

第二十三条 借地権を設定する場合においては、第九条の規定にかかわらず、借地権を消滅させるため、その設定後三十年以上を経過した日に借地権の目的である土地の上の建物を借地権設定者に相当の対価で譲渡する旨を定めることができる。

2 前項の特約により借地権が消滅した場合において、その借地権者又は建物の賃借人でその消滅後建物の使用を継続しているものが請求をしたときは、請求の時にその建物につきその借地権者又は建物の賃借人と借地権設定者との間で期間の定めのない賃貸借（借地権者が請求をした場合において、借地権の残存期間があるときは、その残存期間を存続期間とする賃貸借）がされたものとみなす。この場合において、建物の借賃は、当事者の請求により、裁判所が定める。

3 第一項の特約がある場合において、借地権者又は建物の賃借人と借地権設定者との間でその建物につき第三十八条第一項の規定による賃貸借契約をしたときは、前項の規定にかかわらず、その定めに従う。

第三章　借　家

第一節　建物賃貸借契約の更新等

第二六条（建物賃貸借契約の更新等）　建物の賃貸借について期間の定めがある場合において、当事者が期間の満了の一年前から六月前までの間に相手方に対して更新をしない旨の通知又は条件を変更しなければ更新をしない旨の通知をしなかったときは、従前の契約と同一の条件で契約を更新したものとみなす。ただし、その期間は、定めがないものとする。

2　前項の通知をした場合であっても、建物の賃貸借の期間が満了した後建物の賃借人が使用を継続する場合において、建物の賃貸人が遅滞なく異議を述べなかったときも、同項と同様とする。

3　建物の転貸借がされている場合においては、建物の転借人がする建物の使用の継続を建物の賃借人がする建物の使用の継続とみなして、建物の賃借人と賃貸人との間について前項の規定を適用する。

第二七条（解約による建物賃貸借の終了）　建物の賃貸人が賃貸借の解約の申入れをした場合においては、建物の賃貸借は、解約の申入れの日から六月を経過することによって終了する。

2　前条第二項及び第三項の規定は、建物の賃貸借が解約の申入れによって終了した場合に準用する。

第二八条（建物賃貸借契約の更新拒絶等の要件）　建物の賃貸人による第二十六条第一項の通知又は建物の賃貸借の解約の申入れは、建物の賃貸人及び賃借人（転借人を含む。以下この条において同じ。）が建物の使用を必要とする事情のほか、建物の賃貸借に関する従前の経過、建物の利用状況及び建物の現況並びに建物の賃貸人が建物の明渡しの条件として又は建物の明渡しと引換えに建物の賃借人に対して財産上の給付をする旨の申出をした場合におけるその申出を考慮して、正当の事由があると認められる場合でなければ、することができない。

第二九条（建物賃貸借の期間） 期間を一年未満とする建物の賃貸借は、期間の定めがない建物の賃貸借とみなす

2　民法第六百四条の規定は、建物の賃貸借については、適用しない。

第三〇条（強行規定） この節の規定に反する特約で建物の賃借人に不利なものは、無効とする。

第二節　建物賃貸借の効力

第三一条（建物賃貸借の対抗力等） 建物の賃貸借は、その登記がなくても、建物の引渡しがあったときは、その後その建物について物権を取得した者に対し、その効力を生ずる。

2　民法第五百六十六条第一項及び第三項の規定は、前項の規定により効力を有する賃貸借の目的である建物が売買の目的物である場合に準用する。

3　民法第五百三十三条の規定は、前項の場合に準用する。

第三二条（借賃増減請求権） 建物の借賃が、土地若しくは建物に対する租税その他の負担の増減により、土地若しくは建物の価格の上昇若しくは低下その他の経済事情の変動により、又は近傍同

種の建物の借賃に比較して不相当となったときは、契約の条件にかかわらず、当事者は、将来に向かって建物の借賃の額の増減を請求することができる。ただし、一定の期間建物の借賃を増額しない旨の特約がある場合には、その定めに従う。

2　建物の借賃の増額について当事者間に協議が調わないときは、その請求を受けた者は、増額を正当とする裁判が確定するまでは、相当と認める額の建物の借賃を支払うことをもって足りる。ただし、その裁判が確定した場合において、既に支払った額に不足があるときは、その不足額に年一割の割合による支払期後の利息を付してこれを支払わなければならない。

3　建物の借賃の減額について当事者間に協議が調わないときは、その請求を受けた者は、減額を正当とする裁判が確定するまでは、相当と認める額の建物の借賃の支払を請求することができる。ただし、その裁判が確定した場合において、既に支払を受けた額が正当とされた建物の借賃の額を超えるときは、その超過額に年一割の割合による受領の時からの利息を付してこれを返還しなければならない。

第三三条（造作買取請求権）　建物の賃貸人の同意を得て建物に付加した畳、建具その他の造作がある場合には、建物の賃借人は、建物の賃貸借が期間の満了又は解約の申入れによって終了するときに、建物の賃貸人に対し、その造作を時価で買い取るべきことを請求することができる。建物の賃貸人から買い受けた造作についても、同様とする。

2　前項の規定は、建物の賃貸借が期間の満了又は解約の申入れによって終了する場合における建物の転借人と賃貸人との間について準用する。

第三四条（建物賃貸借終了の場合における転借人の保護） 建物の転貸借がされている場合において、建物の賃貸借が期間の満了又は解約の申入れによって終了するときは、建物の賃貸人は、建物の転借人にその旨の通知をしなければ、その終了を建物の転借人に対抗することができない。
2　建物の賃貸人が前項の通知をしたときは、建物の転貸借は、その通知がされた日から六月を経過することによって終了する。
第三五条（借地上の建物の賃借人の保護） 借地権の目的である土地の上の建物につき賃貸借がされている場合において、借地権の存続期間の満了によって建物の賃借人が土地を明け渡すべきときは、建物の賃借人が借地権の存続期間が満了することをその一年前までに知らなかった場合に限り、裁判所は、建物の賃借人の請求により、建物の賃借人がこれを知った日から一年を超えない範囲内において、土地の明渡しにつき相当の期限を許与することができる。
2　前項の規定により裁判所が期限の許与をしたときは、建物の賃貸借は、その期限が到来することによって終了する。
第三六条（居住用建物の賃貸借の承継） 居住の用に供する建物の賃借人が相続人なしに死亡した場合において、その当時婚姻又は縁組の届出をしていないが、建物の賃借人と事実上夫婦又は養親子と同様の関係にあった同居者があるときは、その同居者は、建物の賃借人の権利義務を承継する。ただし、相続人なしに死亡したことを知った後一月以内に建物の賃貸人に反対の意思を表示したときは、この限りでない。
2　前項本文の場合においては、建物の賃貸借関係に基づき生じた債権又は債務は、同項の規定により建物の賃借人の権利義務を承継した者に帰属する。

第三七条（強行規定） 第三十一条、第三十四条及び第三十五条の規定に反する特約で建物の賃借人又は転借人に不利なものは、無効とする。

第三節　定期建物賃貸借等

（定期建物賃貸借）

第三十八条 期間の定めがある建物の賃貸借をする場合においては、公正証書等書面によって契約をするときに限り、第三十条の規定にかかわらず、契約の更新がないこととする旨を定めることができる。この場合には、第二十九条の規定を適用しない。

2 前項の規定による建物の賃貸借をしようとするときは、建物の賃貸人は、あらかじめ、建物の賃借人に対し、同項の規定による建物の賃貸借は契約の更新がなく、期間の満了により当該建物の賃貸借は終了することについて、その旨を記載した書面を交付して説明しなければならない。

3 建物の賃貸人が前項の規定による説明をしなかったときは、契約の更新がないこととする旨の定めは、無効とする。

4 第一項の規定による建物の賃貸借において、期間が一年以上である場合には、建物の賃貸人は、期間の満了の一年前から六月前までの間（以下この項において「通知期間」という。）に建物の賃借人に対し期間の満了により建物の賃貸借が終了する旨の通知をしなければ、その終了を建物の賃借人に対抗することができない。ただし、建物の賃貸人が通知期間の経過後建物の賃借人に対しその旨の通知をした場合においては、その通知の日から六月を経過した後は、この限りでない。

5　第一項の規定による居住の用に供する建物の賃貸借（床面積（建物の一部分を賃貸借の目的とする場合にあっては、当該一部分の床面積）が二百平方メートル未満の建物に係るものに限る。）において、転勤、療養、親族の介護その他のやむを得ない事情により、建物の賃借人が建物を自己の生活の本拠として使用することが困難となったときは、建物の賃借人は、建物の賃貸借の解約の申入れをすることができる。この場合においては、建物の賃貸借は、解約の申入れの日から一月を経過することによって終了する。

6　前二項の規定に反する特約で建物の賃借人に不利なものは、無効とする。

7　第三十二条の規定は、第一項の規定による建物の賃貸借において、借賃の改定に係る特約がある場合には、適用しない。

第三九条（取壊し予定の建物の賃貸借）　法令又は契約により一定の期間を経過した後に建物を取り壊すべきことが明らかな場合において、建物の賃貸借をするときは、第三十条の規定にかかわらず、建物を取り壊すこととなる時に賃貸借が終了する旨を定めることができる。

2　前項の特約は、同項の建物を取り壊すべき事由を記載した書面によってしなければならない。

第四〇条（一時使用目的の建物の賃貸借） この章の規定は、一時使用のために建物の賃貸借をしたことが明らかな場合には、適用しない。

民法（抄）

第七節　賃貸借

第一款　総則

第六〇一条（賃貸借の意義）　賃貸借ハ当事者ノ一方カ相手方ニ或物ノ使用及ヒ収益ヲ為サシムルコトヲ約シ相手方カ之ニ其賃金ヲ払フコトヲ約スルニ因リテ其効力ヲ生ス

第六〇二条（短期賃貸借）　処分ノ能力又ハ権限ヲ有セサル者カ賃貸借ヲ為ス場合ニ於テハ其賃貸借ハ左ノ期間ヲ超ユルコトヲ得ス

一　樹木ノ栽植又ハ伐採ヲ目的トスル山林ノ賃貸借ハ十年

二　其他ノ土地ノ賃貸借ハ五年

三　建物ノ賃貸借ハ三年

四　動産ノ賃貸借ハ六ヶ月

第六〇四条（賃借権の存続期間）　①賃貸借ノ存続期間ハ二十年ヲ超ユルコトヲ得ス若シ之ヨリ長キ期間ヲ以テ賃貸借ヲ為シタルトキハ其期間ハ之ヲ二十年ニ短縮ス

②前項ノ期間ハ之ヲ更新スルコトヲ得但更新ノ時ヨリ二十年ヲ超ユルコトヲ得ス

第二款　賃貸借ノ効力

第六〇五条（不動産賃貸借の対抗要件）　不動産ノ賃貸借ハ之ヲ登記シタルトキハ爾後其不動産ニ

付キ物権ヲ取得シタル者ニ対シテモ其効力ヲ生ス

第六〇六条（賃貸人の修繕義務） 賃貸人ハ賃貸物ノ使用及ヒ収益ニ必要ナル修繕ヲ為ス義務ヲ負フ

2 賃貸人カ賃貸物ノ保存ニ必要ナル行為ヲ為サント欲スルトキハ賃借人ハ之ヲ拒ムコトヲ得ス

第六〇七条（賃借人の意志に反する保存行為） 賃貸人カ賃借人ノ意思ニ反シテ保存行為ヲ為サント欲スル場合ニ於テ之カ為メ賃借人カ賃借ヲ為シタル目的ヲ達スルコト能ハサルトキハ賃借人ハ契約ノ解除ヲ為スコトヲ得

第六〇八条（賃借人の費用償還請求権） 賃借人カ賃借物ニ付キ賃貸人ノ負担ニ属スル必要費ヲ出タシタルトキハ賃貸人ニ対シテ直チニ其償還ヲ請求スルコトヲ得

2 賃借人カ有益費ヲ出タシタルトキハ賃貸人ハ賃貸借終了ノ時ニ於テ第百九十六条第二項ノ規定ニ従ヒ其償還ヲ為スコトヲ要ス但裁判所ハ賃貸人ノ請求ニ因リ之ニ相当ノ期限ヲ許与スルコトヲ得

六〇九条（不可抗力による減収） 収益ヲ目的トスル土地ノ賃借人カ不可抗力ニ因リ借賃ヨリ少キ収益ヲ得タルトキハ其収益ノ額ニ至ルマテ借賃ノ減額ヲ請求スルコトヲ得但宅地ノ賃貸借ニ付テハ此限ニ在ラス

第六一〇条（同前） 前条ノ場合ニ於テ賃借人カ不可抗力ニ因リ引続キ二年以上借賃ヨリ少キ収益ヲ得タルトキハ契約ノ解除ヲ為スコトヲ得

第六一一条（賃借物の一部滅失） ①賃借物ノ一部カ賃借人ノ過失ニ因ラスシテ滅失シタルトキハ

賃借人ハ其滅失シタル部分ノ割合ニ応シテ借賃ノ減額ヲ請求スルコトヲ得
②前項ノ場合ニ於テ残存スル部分ノミニテハ賃借人カ賃借ヲ為シタル目的ヲ達スルコト能ハサルトキハ賃借人ハ契約ノ解除ヲ為スコトヲ得

第六一二条（賃借権の譲渡および転貸の制限） 賃借人ハ賃貸人ノ承諾アルニ非サレハ其権利ヲ譲渡シ又ハ賃借物ヲ転貸スルコトヲ得ス
2　賃借人カ前項ノ規定ニ反シ第三者ヲシテ賃借物ノ使用又ハ収益ヲ為サシメタルトキハ賃貸人ハ契約ノ解除ヲ為スコトヲ得

第六一三条（転貸の効果） 賃借人カ適法ニ賃借物ヲ転貸シタルトキハ転借人ハ賃貸人ニ対シテ直接ニ義務ヲ負フ此場合ニ於テハ借賃ノ前払ヲ以テ賃貸人ニ対抗スルコトヲ得ス
2　前項ノ規定ハ賃貸人カ賃借人ニ対シテ其権利ヲ行使スルコトヲ妨ケス

第六一四条（借賃の支払時期） 借賃ハ動産、建物及ヒ宅地ニ付テハ毎月末ニ其他ノ土地ニ付テハ毎年末ニ之ヲ払フコトヲ要ス但収穫季節アルモノニ付テハ其季節後遅滞ナク之ヲ払フコトヲ要ス

第六一五条（賃借人の通知義務） 賃借物カ修繕ヲ要シ又ハ賃借物ニ付キ権利ヲ主張スル者アルトキハ賃借人ハ遅滞ナク之ヲ賃貸人ニ通知スルコトヲ要ス但賃貸人カ既ニ之ヲ知レルトキハ此限ニ在ラス

第六一六条（使用賃借の規定の準用） 第五百九十四条第一項、第五百九十七条第一項及ヒ第五百九十八条ノ規定ハ賃貸借ニ之ヲ準用ス

第三款　賃貸借ノ終了

第六一七条（解約の申し入れ） 当事者カ賃貸借ノ期間ヲ定メサリシトキハ各当事者ハ何時ニテモ解約ノ申入ヲ為スコトヲ得此場合ニ於テハ賃貸借ハ解約申入ノ後左ノ期間ヲ経過シタルニ因リテ終了ス

一 土地ニ付テハ一年
二 建物ニ付テハ三个月
三 貸席及ヒ動産ニ付テハ一日

2 収穫季節アル土地ノ賃貸借ニ付テハ其季節後次ノ耕作ニ著手スル前ニ解約ノ申入ヲ為スコトヲ要ス

第六一八条（解約権の留保） 当事者カ賃貸借ノ期間ヲ定メタルモ其一方又ハ各自カ其期間内ニ解約ヲ為ス権利ヲ留保シタルトキハ前条ノ規定ヲ準用ス

第六一九条（黙示の更新） 賃貸借ノ期間満了ノ後賃借人カ賃借物ノ使用又ハ収益ヲ継続スル場合ニ於テ賃貸人カ之ヲ知リテ異議ヲ述ヘサルトキハ前賃貸借ト同一ノ条件ヲ以テ更ニ賃貸借ヲ為シタルモノト推定ス但各当事者ハ第六百十七条ノ規定ニ依リテ解約ノ申入ヲ為スコトヲ得

2 前賃貸借ニ付キ当事者カ担保ヲ供シタルトキハ其担保ハ期間ノ満了ニ因リテ消滅ス但敷金ハ此限ニ在ラス

著者紹介——

阿部 泰隆（あべ やすたか）

1942年福島市生まれ、1960年福島高校卒業、1964年東京大学法学部卒業、現在、神戸大学法学部教授。専攻は行政法であるが、行政争訟、国家補償法、行政の法システムの組み替え、都市計画法、環境法、地方自治法、公務員法などにも関心を持ち、さらに、目下、日本の法システムを改造すべく、『日本列島法改造論』を唱えて、定期借家、短期賃貸借保護廃止などの民事法のほか、法制全般の見直し、司法改革にもささやかながら取り組み始めている。

著書（単独著）
1 フランス行政訴訟論（有斐閣、1971年）
2 行政救済の実効性（弘文堂、1985年）
3 事例解説行政法（日本評論社、1987年）
4 行政裁量と行政救済（三省堂、1987年）
5 国家補償法 （有斐閣、1988年）
6 国土開発と環境保全（日本評論社、1989年）
7 行政法の解釈（信山社、1990年）
8 行政の法システム上・下（有斐閣、1992年）、 同・新版（1997年）、
1997年法改正修正版（1998年）
9 行政訴訟改革論（有斐閣、1993年）
10 政策法務からの提言（日本評論社、1993年）
11 大震災の法と政策（日本評論社、1995年）
12 政策法学の基本指針（弘文堂、1996年）
13〈論争・提案〉情報公開（日本評論社、1997年）
14 行政の法システム入門（放送大学教育振興会、1998年）
15 政策法学と自治条例（信山社、1999年）
16 こんな法律は要らない（東洋経済新報社、仮題、近刊）

共編著
1 演習行政法　上・下（青林書院、1979年）
2 講義行政法　Ⅰ・Ⅱ（青林書院、1982年、1984年）
3 判例コンメンタール　行政事件訴訟法（三省堂、1984年）
4 環境法（有斐閣、1995年、新版、1998年）
5 定期借家権（信山社、1998年）
6『湖の環境と法—琵琶湖のほとりから—』（信山社、1999年）
7『環境法学の生成と未来』（信山社、1999年）
8『実務注釈定期借家法』（信山社、2000年）

事項索引

(本文中にここで掲げている単語そのものが使われていなくても、
その内容が論じられている頁もここに拾ってある。)

さ

SHINZANSYA

hensyu @shinzansya.co.jp
order @shinzansya.co.jp
http://www.shinzansya.co.jp

定期借家のかしこい貸し方・借り方

2000年（平成12年）2月10日　　第1版第1刷発行

著　者　　阿　部　泰　隆

発行者　　今　井　　　貴
発行所　　信山社出版株式会社
〒113-0033　東京都文京区本郷6-2-9-102
電　話　03（3818）1019
ＦＡＸ　03（3818）0344

Printed in Japan

ISBN4-7972-1897-5 C3332

1897-013-200-020-030

NDC 分類 324.211

衆議院法制局・建設省住宅局 監修
実務注釈・定期借家法　福井秀之・久米良昭・阿部泰隆 編　二、五〇〇円
定期借家のかしこい貸し方・借り方　阿部泰隆 著　二、〇〇〇円
定期借家権　阿部泰隆・野村好弘・福井秀夫 編著　四、八〇〇円
新借地借家法の実務　都市再開発法制研究会 編　編集代表 丸山英気　二、一三六円
民事訴訟法辞典　林屋礼二・小野寺規夫 編集代表　二、五〇〇円
消費税法の研究　湖東京至 著　一〇、〇〇〇円
労働権保障の法理Ⅰ　外尾健一 著　五、七〇〇円
労務指揮権の現代的展開　土田道夫 著　一八、〇〇〇円
世界の高齢者福祉政策　佐藤　進 著　五、八〇〇円
現代民主制の統治者　ハンス・チェニ 著　小林　武 訳　四、八〇〇円
日露戦争以後の日本外交　寺本康俊 著　一七、〇〇〇円

信山社

阿部泰隆著『定期借家のかしこい貸し方・借り方』第一刷補訂

二〇〇〇年二月　信山社

はしがきに追加

「神戸大学大学院法学研究科博士後期課程田中謙君には緊急に校正をしていただいたことにつき、心から感謝申し上げる。」

Ⅷ頁　初出一覧の四行目　論争東洋経済一九九七年三月一日号九月号から、三月一日号を削除。

本文八頁　四、五行目の傍線を削除

二三頁九行目　「この時点」を「三月一日」とする。

三三頁一行目　「強行規定である。」を、「強行規定である（三八条六項）。」に、

三五頁最後の行「できない。」を「できない（三八条六項）。」とする。

二一八頁　後から二行目　「一二月（五日」を「一二月一五日」とする。

二一九頁七行目　「目次　定期建物賃貸借等　目次　期限付き建物賃貸借」は削除

以上

第１　定期賃貸住宅標準契約書（建設省版）

（１）賃貸借の目的物

<table>
<tr><td rowspan="4">建物の名称・所在地等</td><td>名　称</td><td colspan="6"></td></tr>
<tr><td>所在地</td><td colspan="6"></td></tr>
<tr><td rowspan="2">建て方</td><td rowspan="2">共同建
長屋建
一戸建
その他</td><td>構造</td><td colspan="2">木造
非木造

階建</td><td colspan="2">工事完了年

年
大修繕等を
（　　）年
実　施</td></tr>
<tr><td>戸数</td><td colspan="2">戸</td><td colspan="2"></td></tr>
<tr><td rowspan="5">住戸部分</td><td>住戸番号</td><td>号室</td><td>間取り</td><td colspan="4">（　　）LDK・DK・K ／ワンルーム／</td></tr>
<tr><td>面　積</td><td colspan="6">㎡</td></tr>
<tr><td rowspan="2">設備等</td><td colspan="2">トイレ
浴室
シャワー
給湯設備
ガスコンロ
冷暖房設備</td><td colspan="4">専用（水洗・非水洗）・共用（水洗・非水洗）
有・無
有・無
有・無
有・無
有・無
有・無
有・無
有・無
有・無</td></tr>
<tr><td colspan="2">使用可能電気容量
ガス
上水道
下水道</td><td colspan="4">（　　　　）アンペア
有（都市ガス・プロパンガス）・無
水道本管より直結・受水槽・井戸水
有（公共下水道・浄化槽）・無</td></tr>
<tr><td colspan="6"></td></tr>
<tr><td colspan="2">附属施設</td><td colspan="2">駐車場
自転車置場
物置
専用庭</td><td colspan="4">含む・含まない
含む・含まない
含む・含まない
含む・含まない
含む・含まない
含む・含まない</td></tr>
</table>

(2)　契約期間

始期	年　　月　　日から	＿＿年＿＿月間
終期	年　　月　　日まで	

(契約終了の通知をすべき期間＿＿年＿＿月＿＿日から＿＿年＿＿月＿＿日まで)

(3)　賃料等

賃料・共益費		支払期限	支払方法	
賃　料	＿＿＿円	当月分・翌月分を毎月＿＿日まで	振込又は持参	振込先金融機関名： 預金：普通・当座 口座番号： 口座名義人：＿＿＿＿ 持参先：
共益費	＿＿＿円	当月分・翌月分を毎月＿＿日まで		
敷　金	賃料＿＿か月相当分　＿＿＿＿円			
附属施設使用料				
そ の 他				

(4)　貸主及び管理人

貸　主 (社名・代表者)	住所　〒 氏名＿＿＿＿＿＿＿＿　電話番号＿＿＿＿＿＿
管理人 (社名・代表者)	住所　〒 氏名＿＿＿＿＿＿＿＿　電話番号＿＿＿＿＿＿

※貸主と建物の所有者が異なる場合は、次の欄も記載すること。

建物の所有者	住所　〒 氏名＿＿＿＿＿＿＿＿　電話番号＿＿＿＿＿＿

(5)　借主及び同居人

	借　主	同居人
氏　名		合計　　人
緊急時の連絡先	住所　〒 氏名＿＿＿＿　電話番号＿＿＿＿借主との関係＿＿＿＿	

定期建物賃貸借契約条項

（契約の締結）
第１条　貸主（以下「甲」という。）及び借主（以下「乙」という。）は、頭書(1)に記載する賃貸借の目的物（以下「本物件」という。）について、以下の条項により借地借家法（以下「法」という。）第３８条に規定する定期建物賃貸借契約（以下「本契約」という。）を締結した。

（契約期間）
第２条　契約期間は、頭書(2)に記載するとおりとする。

２　本契約は、前項に規定する期間の満了により終了し、更新がない。ただし、甲及び乙は、協議の上、本契約の期間の満了の日の翌日を始期とする新たな賃貸借契約（以下「再契約」という。）をすることができる。

３　甲は、第１項に規定する期間の満了の１年前から６月前までの間（以下「通知期間」という。）に乙に対し、期間の満了により賃貸借が終了する旨を書面によって通知するものとする。

４　甲は、前項に規定する通知をしなければ、賃貸借の終了を乙に主張することができず、乙は、第１項に規定する期間の満了後においても、本物件を引き続き賃借することができる。ただし、甲が通知期間の経過後乙に対し期間の満了により賃貸借が終了する旨の通知をした場合においては、その通知の日から６月を経過した日に賃貸借は終了する。

（使用目的）
第３条　乙は、居住のみを目的として本物件を使用しなければならない。

（賃　料）
第４条　乙は、頭書(3)の記載に従い、賃料を甲に支払わなければならない。

２　１か月に満たない期間の賃料は、１か月を３０日として日割計算した額とする。

３　甲及び乙は、次の各号の一に該当する場合には、協議の上、賃料を改定することができる。

　一　土地又は建物に対する租税その他の負担の増減により賃料が不相当となった場合
　二　土地又は建物の価格の上昇又は低下その他の経済事情の変動により賃料が不相当となった場合
　三　近傍同種の建物の賃料に比較して賃料が不相当となった場合

（共益費）
第５条　乙は、階段、廊下等の共用部分の維持管理に必要な光熱費、上下水道使用料、清掃費等（以下この条において「維持管理費」という。）に充てるため、共益費を甲に支払うものとする。

２　前項の共益費は、頭書(3)の記載に従い、支払わなければならない。

３　１か月に満たない期間の共益費は、１か月を３０日として日割計算した額とする。

４　甲及び乙は、維持管理費の増減により共益費が不相当となったときは、協議の上、共益費を改定することができる。

（敷　金）
第６条　乙は、本契約から生じる債務の担保として、頭書(3)に記載する敷金を甲に預け入れ るものとする。

２　乙は、本物件を明け渡すまでの間、敷金をもって賃料、共益費その他の債務と相殺をすることができない。

３　甲は、本物件の明渡しがあったときは、遅滞なく、敷金の全額を無利息で乙に返還しなければならない。ただし、甲は、本物件の明渡し時に、賃料の滞納、原状回復に要する費用の未払いその他の本契約から生じる乙の債務の不履行が存在する場合には、当該債務の額を敷金から差し引くことができる。

４　前項ただし書の場合には、甲は、敷金から差し引く債務の額の内訳を乙に明示しなければならない。

（禁止又は制限される行為）
第７条　乙は、甲の書面による承諾を得ることなく、本物件の全部又は一部につき、賃借権を譲渡し、又は転貸してはならない。

２　乙は、甲の書面による承諾を得ることなく、本物件の増築、改築、移転、改造若しくは模様替又は本物件の敷地内における工作物の設置を行ってはならない。

３　乙は、本物件の使用に当たり、別表第１に掲げる行為を行ってはならない。

４　乙は、本物件の使用に当たり、甲の書面による承諾を得ることなく、別表第２に掲げる行為を行ってはならない。

5　乙は、本物件の使用に当たり、別表第３に掲げる行為を行う場合には、甲に通知しなければならない。

（修繕）

第８条　甲は、別表第４に掲げる修繕を除き、乙が本物件を使用するために必要な修繕を行わなければならない。この場合において、乙の故意又は過失により必要となった修繕に要する費用は、乙が負担しなければならない。

2　前項の規定に基づき甲が修繕を行う場合は、甲は、あらかじめ、その旨を乙に通知しなければならない。この場合において、乙は、正当な理由がある場合を除き、当該修繕の実施を拒否することができない。

3　乙は、甲の承諾を得ることなく、別表第４に掲げる修繕を自らの負担において行うことができる。

（契約の解除）

第９条　甲は、乙が次に掲げる義務に違反した場合において、甲が相当の期間を定めて当該義務の履行を催告したにもかかわらず、その期間内に当該義務が履行されないときは、本契約を解除することができる。

一　第４条第１項に規定する賃料支払義務

二　第５条第２項に規定する共益費支払義務

三　前条第１項後段に規定する費用負担義務

2　甲は、乙が次に掲げる義務に違反した場合において、当該義務違反により本契約を継続することが困難であると認められるに至ったときは、本契約を解除することができる。

一　第３条に規定する本物件の使用目的遵守義務

二　第７条各項に規定する義務

三　その他本契約書に規定する乙の義務

（乙からの解約）

第10条　乙は、甲に対して少なくとも１月前に解約の申入れを行うことにより、本契約を解約することができる。

2　前項の規定にかかわらず、乙は、解約申入れの日から１月分の賃料（本契約の解約後の賃料相当額を含む。）を甲に支払うことにより、解約申入れの日から起算して１月を経過する日までの間、随時に本契約を解約することができる。

（明渡し）

第11条　乙は、本契約が終了する日（甲が第２条第３項に規定する通知をしなかった場合においては、同条第４項ただし書きに規定する通知をした日から６月を経過した日）までに（第９条の規定に基づき本契約が解除された場合にあっては、直ちに）、本物件を明け渡さなければならない。この場合において、乙は、通常の使用に伴い生じた本物件の損耗を除き、本物件を原状回復しなければならない。

2　乙は、前項前段の明渡しをするときには、明渡し日を事前に甲に通知しなければならない。

3　甲及び乙は、第１項後段の規定に基づき乙が行う原状回復の内容及び方法について協議するものとする。

（立入り）

第12条　甲は、本物件の防火、本物件の構造の保全その他の本物件の管理上特に必要があるときは、あらかじめ乙の承諾を得て、本物件内に立ち入ることができる。

2　乙は、正当な理由がある場合を除き、前項の規定に基づく甲の立入りを拒否することはできない。

3　本契約終了後において本物件を賃借しようとする者又は本物件を譲り受けようとする者が下見をするときは、甲及び下見をする者は、あらかじめ乙の承諾を得て、本物件内に立ち入ることができる。

4　甲は、火災による延焼を防止する必要がある場合その他の緊急の必要がある場合においては、あらかじめ乙の承諾を得ることなく、本物件内に立ち入ることができる。この場合において、甲は乙の不在時に立ち入ったときは、立入り後その旨を乙に通知しなければならない。

（連帯保証人）

第13条　連帯保証人は、乙と連帯して、本契約から生じる乙の債務（甲が第２条第３項に規定する通知をしなかった場合においては、同条第１項に規定する期間内のものに限る。）を負担するものとする。

（再契約）

第14条　甲は、再契約の意向があるときは、第２条第３項に規定する通知の書面に、その旨を付記するものとする。

2　再契約をした場合は、第１１条の規定は適用しない。ただし、本契約における原状回復の債務の履行については、再契約に係る賃貸借が終了する日までに行うこととし、敷金の返還については、明渡しがあったものとして第６条第３項に規定するところによる。

（協議）

第15条　甲及び乙は、本契約書に定めがない事項及び本契約書の条項の解釈について疑義が生じた場合は、民法その他の法令及び慣行に従い、誠意をもって協議し、解決するものとする。

（特約条項）

第16条　本契約の特約については、下記のとおりとする。

別表第1（第７条第３項関係）

一	銃砲、刀剣類又は爆発性、発火性を有する危険な物品等を製造又は保管すること。
二	大型の金庫その他の重量の大きな物品等を搬入し、又は備え付けること。
三	排水管を腐食させるおそれのある液体を流すこと。
四	大音量でテレビ、ステレオ等の操作、ピアノ等の演奏を行うこと。
五	猛獣、毒蛇等の明らかに近隣に迷惑をかける動物を飼育すること。

別表第2（第７条第４項関係）

一	階段、廊下等の共用部分に物品を置くこと。
二	階段、廊下等の共用部分に看板、ポスター等の広告物を掲示すること。
三	鑑賞用の小鳥、魚等であって明らかに近隣に迷惑をかけるおそれのない動物以外の犬、猫等の動物（別表第１第五号に掲げる動物を除く。）を飼育すること。

別表第3（第７条第５項関係）

一	頭書(5)に記載する同居人に新たな同居人を追加（出生を除く。）すること。
二	１か月以上継続して本物件を留守にすること。

別表第4（第８条関係）

畳表の取替え、裏返し	ヒューズの取替え
障子紙の張替え	給水栓の取替え
ふすま紙の張替え	排水栓の取替え
電球、蛍光灯の取替え	その他費用が軽微な修繕

下記貸主（甲）と借主（乙）は、本物件について上記のとおり賃貸借契約を締結したことを証するため、本契約書２通を作成し、記名押印の上、各自その１通を保有する。

年　　月　　日

貸　主（甲）住所 ＿＿＿＿＿＿＿＿＿＿＿＿＿＿＿＿

氏名 ＿＿＿＿＿＿＿＿＿＿＿＿＿＿＿ 印

借　主（乙）住所 ＿＿＿＿＿＿＿＿＿＿＿＿＿＿＿＿

氏名 ＿＿＿＿＿＿＿＿＿＿＿＿＿＿＿ 印

連帯保証人　住所 ＿＿＿＿＿＿＿＿＿＿＿＿＿＿＿＿

氏名 ＿＿＿＿＿＿＿＿＿＿＿＿＿＿＿ 印

媒介
　業者
代理

免許証番号〔　　　　〕知事・建設大臣　（　　）第　　　号

事務所所在地 ＿＿＿＿＿＿＿＿＿＿＿＿＿＿＿＿

商　号（名称）＿＿＿＿＿＿＿＿＿＿＿＿＿＿＿

代表者氏名 ＿＿＿＿＿＿＿＿＿＿＿＿＿ 印

宅地建物取引主任者　登録番号〔　　　　〕知事第　　　　号

氏　名 ＿＿＿＿＿＿＿＿＿＿＿＿＿ 印

第２　定期賃貸住宅契約についての説明

（借地借家法第38条第２項関係）

○年　○月　○日

定期賃貸住宅契約についての説明

貸　主（甲）住所　＿＿＿＿＿＿＿＿

氏名　○　○　○　○　印

代理人　　住所　＿＿＿＿＿＿＿＿

氏名　○　○　○　○　印

下記住宅について定期建物賃貸借契約を締結するに当たり、借地借家法第３８条第２項に基づき、次のとおり説明します。

下記住宅の賃貸借契約は、更新がなく、期間の満了により賃貸借は終了しますので、期間の満了の日の翌日を始期とする新たな賃貸借契約（再契約）を締結する場合を除き、期間の満了の日までに、下記住宅を明け渡さなければなりません。

記

(1) 住　宅	名　　称		
	所 在 地		
	住戸番号		
(2) 契約期間	始期	年　　月　　日から	年　　月間
	終期	年　　月　　日まで	

上記住宅につきまして、借地借家法第３８条第２項に基づく説明を受けました。

○年　○月　○日

借　主（乙）住所　＿＿＿＿＿＿＿＿

氏名　○　　○　　○　印

第3　定期賃貸住宅契約終了についての通知

（借地借家法第38条第4項、定期賃貸住宅標準契約書第2条第3項関係）

○ 年 ○ 月 ○ 日

定期賃貸住宅契約終了についての通知

（賃借人）住所
氏名　○○○○　殿

（賃貸人）住所
氏名　○○○○　印

私が賃貸している下記住宅については、平成　年　月　日に期間の満了により賃貸借が終了します。

［なお、本物件については、期間の満了の日の翌日を始期とする新たな賃貸借契約（再契約）を締結する意向があることを申し添えます。］

記

(1)　住　宅
名　称　＿＿＿＿＿＿
所在地　＿＿＿＿＿＿
住戸番号　＿＿＿＿＿＿

(2)　契約期間
始期 年　月　日から
終期 年　月　日まで　　年　月間

（注）1　再契約の意向がある場合には、［　］書きを記載してください。
2　(1)及び(2)の欄は、それぞれ頭書(1)及び(2)を参考にして記載してください。

三　明治・大正を見た人々
5　小泉八雲の法哲学／6　蓬萊の島にて／7　鹿鳴館のあだ花のなかで／8　青年経済学者の明治日本／9　ドイツ哲学者の祇園体験
四　アメリカ知識人と昭和の危機
10　ジョン・ガンサーと軍国日本／11　オーウェン・ラティモアと「魔女狩り」／12　歴史としての太平洋問題調査会

純粋雑学　本体価格 2,900円

主要目次
一　純粋雑学
1　研究と偶然／2　漢文・お経・英語教育／3　五十音拡充論／4　英会話下手の再評価／5　ワードゲームの中のアメリカ／6　ドイツ人の苗字／7　「二〇〇一年宇宙の旅」／8　ウィーンのホームズ／9　しごとの周辺／10　思想としての別役劇／11　外国研究覚え書き
二　駒場の四十年
A　駆け出しのころ
12　仰ぎ見た先生方／13　最後の貴族主義者／14　学問と政治―ストライキ問題雑感／15　「居直り」について／16　ある学生課長の生涯
B　教師生活雑感
17　試験地獄／18　大学私見／19　留学生を迎える／20　真夏に師走　寄付集め／21　聴かせる権利の法哲学／22　学内行政の法哲学
C　相関社会科学の周辺
23　学僧たち/24　相撲取りと大学教授/25　世紀末の社会科学／26　相関社会科学に関する九項/27　「相関社会科学」創刊にあたって/28　相関社会科学の現状と展望／29　相関社会科学の試み／30　経済学について／31　ドイツ産業の体質/32　教養学科の四十年・あとがき/33　教養学科案内
D　駒場図書館とともに
34　教養学部図書館の歴史・現状・展望／35　図書館の「すごさ」／36　読書と図書館／37　教養学部図書館の四十年／38　「二十一世紀の図書館」見学記／39　一高・駒場・図書館／40　新山春子さんを送る
三　私事あれこれ
41　北一輝の誤謬／42　父の「在満最後の日記」／43　晩年の孔子／44　迷子になった話／45　私が孤児であったなら／46　ヤルタとポツダムと私／47　私の学生時代／48　受験時代／49　「星離去」考／50　私の哲学入門／51　最高齢の合格者／52　飼犬リキ／53　運命との和解／54　私の死生観

されど、アメリカ　本体価格 2,700円

主要目次
一　アメリカ滞在記
1　アメリカの法廷体験記／2　アメリカ東と西／3　エマソンのことなど／4　ユダヤ人と黒人と現代アメリカ／5　日記――滞米2週間
二　アメリカと極東
1　ある感傷の終り／2　ある復讐の物語／3　アメリカ思想と湾岸戦争／4　「アメリカの世紀」は幕切れ近く